호크마시리즈 Ⅲ

참회기도 95

| 윤용구 지음 |

쿰란출판사

서문

오늘날 많은 사람들이 한국교회의 부패 타락으로 인하여 절체절명의 위기사태를 맞고 있다고 절망스러운 한숨을 내쉬고 있습니다.

타락한 세상을 복음으로 치유하고 선도하며 개혁해야 할 소명을 갖고 있는 한국교회가, 부패의 깊은 수렁에 빠져 불행하게도 스스로의 자정능력을 상실하고, 거꾸로 세상에서 개혁의 대상이라는 인식이 확산되어 외면을 당하다 못해 손가락질을 당하고 있기 때문입니다.

예수님께서는 "의인은 없나니 하나도 없으며 그들의 눈앞에 하나님을 두려워함이 없느니라"(롬 3:10, 18)고 탄식하시고 범죄한 인간을 "곧 모든 불의, 추악, 탐욕, 악의가 가득한 자요 시기, 살인, 분쟁, 사기, 비방하는 자요, 능욕하는 자요, 교만한 자"(롬 1:29-30)라고 지적하셨습니다.

그런데 성경은 또 "너희도 만일 회개하지 아니하면 다 이와 같이 망하리라"(눅 13:3)고 경고하심으로 문제의 심각성을 깨닫게 됩니다. 실제로 위와 같이 죄악에서 돌이키지 아니하면 망한다고 말씀하고 있기 때문입니다.

한국교회의 당면 문제는 예수님제일주의, 말씀지상주의, 영성최고주의로 일관해야 함에도 불구하고, 금권제일주의, 권력지상주의, 출세최고주의 등 인본주의와 우상숭배가 팽배해 있다는 데 있습니다.

성경은 "이제도 눈물을 흘리며 말하노니 여러 사람들이 그리스도의 십자가의 원수로 행하느니라 그들의 마침은 멸망이요"(빌 3:18-19)라고 말씀하고 있습니다.

현재 많은 한국교회가 돈과 권력과 명예가 우상이 되어 사실상 하나님을 부인하고 그리스도의 원수로 행하고 있음은 부인할 수 없는 사실입니다.

특히 한국교회의 위상추락은 대형교회의 담임목사직 세습 때문에 가속화되었으며, 부정과 비리가 가득하고, 교단의 각종 선거 때 보여준 추태는 정치권력 투쟁을 방불케 하고 있습니다.

진흙탕 속 싸움터와 같은 교권쟁탈주의, 성직매매, 금품매수, 이기적 파벌주의, 인맥과 학연주의, 무책임주의, 가짜 신학박사 양산, 고소 고발 남발, 음주와 성 문란 등 이루 말로 다할 수 없는 갖은 불법적인 작태를 다 보여주고 있어, 예수님의 말씀처럼 성전을 강도의 소굴(막 11:15-17)로 만들고 있는 것입니다.

그래서 감신대 이원규 교수(종교사회학)는 한국교회를 가리켜 '암 말기'라고 진단하고 있는 실정입니다.

민족의 복음화와 세계 선교의 소명을 다해야 할 선교 2세기를 앞두고 한국교회가 계속 이런 상태로 가면 유럽교회들처럼 사탄에 의해 살처분될 중대위기 사태를 맞게 될 것입니다. 다시 말하면 오늘의 한국교회는 사느냐 망하느냐 하는 생사의 갈

림길에 서 있다는 것입니다. 살기 위해서는 참회를 해야 하나, 회개에 합당한 열매가 없다면 분명히 참회에 실패한 것입니다.

또 참회에 실패를 했다면 아직도 십자가의 원수로 행하고 있음을 의미합니다. 이런 상태에서 어떻게 살아남을 수 있겠습니까?

잘 아시는 대로 오늘날 유럽의 교회들은 문을 닫고 술집이나 이슬람의 사원으로 바뀌어 가고 있습니다. 한편 과거 구소련을 비롯한 동유럽의 공산주의 국가들은 참회는커녕 하나님을 저주하고 십자가의 원수로 행하다가 수만 개의 핵무기를 보유하고 있었지만 사용해 보지도 못하고 모두 다 망하고 말았습니다. 되돌아보면 지난 일 세기 동안 한국교회와 이 민족은 똑같이 죄악된 길을 걸어왔음을 부인할 수 없습니다. 변한 것이 없다는 것은 그동안 우리 기독교가 형식주의적이며 외식주의적인 회개를 반복해왔음을 말해 줍니다.

어리석게도 시간만 낭비하며 신앙생활을 해왔음을 철저히 반성하지 아니하면 안 될 것입니다. 진실한 회개가 없는 구원은 존재하지 않습니다. 수십 년간 교회를 다녔어도 형식주의적인 회개로 일관하여 참된 회개가 없었다면 안타깝게도 용서를 받지 못하였고, 아직도 영과 육이 구원을 받지 못했음을 하나님 앞에 솔직하게 시인해야 할 것입니다.

그리고 누구나 '나 자신'을 비롯해서 한국교회와 민족이 망하지 않고 지혜롭게 사는 길은 다윗과 느헤미야, 그리고 베드로와 사도 바울이 보여준 것처럼, 하나님이 받으시는 심한 통곡과 눈물의 참회기도가 있어야 함을 깨달아 알아야 하겠습니다.

신·구약의 사도들과 선지자들은 고난의 때와 큰 소명을 앞두고 있을 때 하나같이 금식하고 참회하였습니다. 그러므로 우리도 이제는 외식주의적이며 형식주의적인 가증스런 회개를 반복하지 않도록 크게 각성하고, 땀방울이 핏방울이 되도록 진정성을 가지고 몸부림치며 하나님 앞에 기도하고 참회하여 용서함 받고 새 생명을 받아야만 하겠습니다. 그리하여 개인과 교회와 민족이 하나님 뜻에 합한 공동체의 일원이 되어 하나님과 세상으로부터 칭찬을 듣고, 거룩성을 회복하여 새 사람, 새 교회, 새 민족이 되어야 하겠습니다.

《참회기도 95》는 종교개혁 95개 조항을 외쳤던 마틴 루터의 거룩한 정신과 그 상징성을 이어받기 위해 95개 항으로 구성하였습니다. 우리가 구체적으로 무엇을, 어떻게 참회해야 할 것인가를 명시하기 위해 '새 사람, 새 교회, 새 민족'으로 크게 구분하였고, 이 3가지 주제를 각각 30, 36, 29개 항으로 구체화하였습니다.

이제 우리 모두는 새 소망, 새 비전의 2013년을 맞이하여 〈하디 1903, 회개성령운동 110주년〉을 기점으로 전체 한국교회가 "again 1903년과 1907년, 하디와 길선주 목사의 참회"를 재현하기 위해서 〈참회 금식기도 운동〉을 처절한 심정으로 전개해야 하겠습니다. 왜냐하면 한국교회는 지난 120여 년 동안 참회기도에 분명히 실패했기 때문입니다.

그래서 이와 같은 끔찍한 실패의 전철을 밟지 않기 위해 한국교회 전체가 마음의 깊은 찔림을 받아 두렵고 떨림으로 다윗과 느헤미야, 그리고 베드로와 바울처럼 심한 통곡과 피눈물로 몸부림치며 무릎을 꿇고 금식하며 참회해야 합니다.

이번 기회에 철두철미하게 육신의 탐욕을 비롯한 모든 우리의 우상을 뿌리째 뽑아 성령의 불로 완전히 태워 없애 버려야만 하겠습니다. 이렇게 하지 않으면 한국교회는 희망이 없고 주님의 말씀같이 우리 모두 다 예외 없이 망할 수밖에 없기 때문입니다(눅 13:3).

이것이 엄중한 역사적 교훈이 아닙니까? 그러므로 우리 모두 '내가 먼저' 철저히 참회함으로 용서함을 받고 자기 개혁을 실현합시다. 말씀과 성령 안에서 깊은 기도 중에 새 생명, 새 소망, 새 비전, 새 능력, 새 영감, 새 변화를 받아 결단함으로 말미암아 '내가 먼저' 새 사람이 됨으로 새 교회, 새 민족이 되고 새 역사 창조의 주인공이 되기를 기원합니다.

  그리고 말씀에 붙잡혀 끝까지 세상의 유혹을 이기고, 영원히 사는 예수 그리스도의 참제자가 될 수 있기를 간절히 소원하며 기도합니다.

  끝으로 이 책이 나오기까지 부족한 저에게 안타까운 마음으로, 성령의 눈물의 영성으로 이 참회기도문을 쓰게 하신 여호와 하나님께 먼저 감사를 드립니다.

  또한 출판 과정에서 물심양면으로 크나큰 사랑과 수고를 아끼지 아니하시고 도와주신 쿰란출판사의 이형규 사장님과, 3회에 걸쳐 교정에 깊이 참여해 주신 사랑의 동역자인 정동제일교회 남선교회 연합회 유낙준 전회장님에게도 심심한 사의를 표합니다. 감사합니다!

2014년 1월 1일
참회 전도사 윤용구 드림

목차

서문 · 2

I. 새 사람을 위하여

가. 거짓 신앙

01 하나님의 말씀을 편식하다 · 19
02 주님의 도우심을 망각해 · 20
03 지식과 능력과신 · 21
04 인본주의와 이기주의 · 22
05 주님의 은사를 사모하지 아니하고 · 23
06 하나님의 정체성 부인 · 24
07 주님의 음성을 들을 줄 몰라 · 25
08 참회할 줄 몰라 · 27
09 진심 어린 회개가 없다 · 28
10 하나님의 원수로 행하다 · 29

나. 세상 사람과 구별이 안 돼

11 돈·권력·명예 · 31
12 세상과 타협 · 32
13 이중 인격적 삶 · 34
14 배은망덕 · 35
15 시기와 원망 · 36

16 불평불만 · 38
17 경건하지 못한 언행심사 · 39
18 외모로 판단하다 · 40
19 내 생각·내 고집·내 주장만 · 41
20 용서를 하지 못해 · 42
21 기도 응답을 못 받다 · 43
22 죄와 허물을 깨닫지 못해 · 45
23 개념이 없어 · 47
24 이름만 교인 · 49

다. 소망을 잃어

25 열심 없는 믿음 · 52
26 간절히 기도하지 않고 · 53
27 이웃의 불행을 외면하다 · 54
28 중독증에 걸려 · 56
29 음란하다 · 57
30 우울증·자살 · 59

II. 새 교회를 위하여

가. 불신앙

31 자신의 정체성을 몰라 · 63
32 입으로만 주여 · 64
33 미지근하다 · 65
34 자랑 · 66
35 교만 · 67
36 시비와 분쟁 · 68
37 십자가 실종 · 69
38 죄의식 실종 · 71
39 외식주의 · 72
40 형식주의 신앙 · 73
41 하나님과 불화하다 · 75
42 진정한 교제가 실종되고 · 76
43 형제를 찔러 · 77
44 우상숭배 · 78
45 종교다원주의 · 79
46 신사참배와 창씨개명 · 87

나. 탐욕과 부패

47 성직자도 타락하다 · 89
48 담임목사직 세습주의 · 90
49 담임목사직 매매 · 92
50 사리사욕 · 93
51 가짜 신학박사 · 94
52 성전을 강도의 소굴로 · 96
53 교권 쟁탈주의 · 97
54 고소 고발을 남발하다 · 98
55 음주와 성문란 · 99
56 부정부패 · 100

다. 교회의 본질을 망각하다

57 물질적 세속주의 · 103
58 참회를 안 가르쳐 · 105
59 패배주의 · 107
60 무사안일주의 · 108
61 신학교육의 실패 · 110
62 이단 · 114

라. 사랑과 눈물이 없어

63 미자립교회들을 위해 · 116
64 한국전쟁 희생자들에 대해 · 117
65 북한 지하교회를 위해 · 124
66 북한의 정치범 수용소에 대해 · 126

III. 새 민족을 위하여

가. 정치 분야

67 정치 지도자들을 위해 · 132
68 사색당파 싸움 · 134
69 남북한의 분단 · 136
70 역사적 과오 · 140
71 시행과 착오 · 142

나. 사회 분야

72 부정과 비리 · 144
73 노사분쟁과 사회적 갈등 · 145

74 가정파탄 · 147
75 불량 청소년들 · 148
76 방황하는 청·장년들 · 150
77 폭력자들 · 151
78 수형자들 · 153
79 미혼모, 독거노인, 노숙자들 · 154
80 고아·입양아·장애인을 위해 · 155
81 영세 노점상·환경미화원들 · 157
82 다문화 가정들을 위해 · 159
83 미신에 빠져 · 161
84 장기 입원 환자들 · 162
85 희귀성 난치병 환자들 · 164

다. 경제 분야

86 불공정·불합리한 경제활동 · 166

라. 교육 분야

87 공교육의 실패 · 168

마. 과학 분야

88 진화론학자들 · 171

바. 국방 분야

89 국군 장병들을 위해 · 179

사. 치안 분야

90 경찰과 소방대원들을 위해 · 181

아. 북한 문제에 대해

91 납북자와 국군 포로들을 위해 · 183
92 탈북자들을 위해 · 186
93 북한 동포들을 위해 · 188
94 북한 인민군대에 대해 · 190
95 북한 김정은 3대 세습 독재 세력들 · 192

I
새 사람을 위하여

가. 거짓 신앙
나. 세상 사람과 구별이 안 돼
다. 소망을 잃어

기독교인들은 하나님의 영광을 위하여 살아야 함에도 불구하고 예수님을 믿노라 하면서도 돈, 권력, 명예 등 탐욕을 위해 살아온 죄와 허물을 땀방울이 핏방울이 되도록 이제는 처절하게 참회하고 목숨 걸고 기도를 해야 하겠습니다.

지난 120여 년 동안 한국교회와 성도들이 '참회기도'에 실패했다고 생각하기 때문입니다. 그래서 참회기도의 성공을 위해서 우리들이 생명을 걸어야 할 당위성이 여기에 있는 것입니다. 어차피 이에 실패하면 망하기 때문입니다(눅 13:3).

'내가 먼저' 변하지 아니하면 한국교회도 우리 민족에게도 소망이 없지 않습니까? 성경은 "오직 너희의 심령이 새롭게 되어 하나님을 따라 의와 진리의 거룩함으로 지으심을 받은 새사람을 입으라"(엡 4:23-24)고 말씀하고 있습니다.

목숨을 걸고 참회를 함으로써 탐욕과 우상숭배로 하나님과 원수 되었던 우리들이 진실로 주님과 화목하며 이웃과 화목함으로 새사람이 되고 예수 그리스도의 참제자가 되어야 할 것입니다.

가

거짓 신앙

01 하나님의 말씀을 편식하다

저희들이 하나님의 말씀을 편식하고 있음을 참회하고 기도합니다.

성경의 말씀을 자주 읽고는 있지만 이 말씀을 믿으면서도 저 말씀은 믿지 못하는 저희들의 반쪽짜리 신앙을 용서하여 주시옵소서.

하나님께서는 참회하는 사람들에게 "지혜의 성령"(행 2:38)을 주시겠노라고 말씀하셨습니다. 이제는 베드로처럼 눈물로 마음속 깊이 회개하여 성령을 받아 모든 말씀이 믿어지게 하여 주시옵소서.

전심전력으로 은사를 사모하고 힘써 노력함으로 성령 충만, 말씀 충만하여 앞으로는 편식하지 아니하고 모든 말씀에 대하여 기쁨으로 아멘 하여 화답하는 온전한 하나님의 백성이 되게 하여 주시옵소서.

02 주님의 도우심을 망각해

지금 "여기까지 도와주신 에벤에셀의 하나님"(삼상 7:12)의 은총을 망각하고 살아온 허물을 참회하오니 용서하여 주시옵소서.

성경은 "생각하건대 현재의 고난은 장차 우리에게 나타날 영광과 비교할 수 없도다"(롬 8:18)라고 하시고, 이어서 또 "하나님을 사랑하는 자 곧 그의 뜻대로 부르심을 입은 자들에게는(좋은 일이나 나쁜 일이나) 모든 것이 합력하여 선을 이루느니라"(롬 8:28)고 말씀하셨습니다.

성경에 나오는 요셉의 생애를 돌아보고, 또한 저희들의 지난날을 회고해 보면 이 같은 약속의 말씀대로 이루어지지 아니한 것이 없는 것을 다시 한 번 깨닫게 됩니다.

그러므로 앞으로는 주님의 도우심과 은총을 망각하지 않도록 일깨워주시고 지혜를 허락해 주시옵소서. 그리고 항상 기뻐하며 범사에 절대 감사하게 하여 주시옵소서.

03 지식과 능력과신

인간의 지식과 능력을 과신하며 살고 있는 저희들의 죄와 허물을 참회하고 기도합니다.

피조물의 불완전함을 깨닫지 못하고 인간의 능력만을 과신하며 살고 있는 저희들의 교만과 어리석음을 눈물로 참회하오니 용서하여 주시옵소서.

성경은 "존귀하나 깨닫지 못하는 사람은 멸망하는 짐승 같도다"(시 49:20)라고 하시고, 또 "누가 철학과 헛된 속임수로 너희를 사로잡을까 주의하라 이것은 사람의 전통과 세상의 초등학문을 따름이요 그리스도를 따름이 아니니라"(골 2:8)고 말씀하셨습니다.

저희들이 초등학문을 좇지 않게 하시고 오직 전능하신 여호와만을 경외하고 진리가 되시고, 생명이 되시는 예수님을 의지하고 살게 하여 주시옵소서.

그리하여 세상의 지식과 인간의 능력을 절대로 과신하지 않게 하시고, 하나님의 지혜와 권능을 의지하고 창조적인 시각에서 새 소망과 새 비전을 가지고 살게 하여 주시옵소서. 그리고 하나님과 사람들 앞에서 절대 겸손한 자가 되게 하여 주시옵소서.

04 인본주의와 이기주의

인본주의와 이기주의적인 삶을 살고 있는 저희들의 허물을 눈물로 참회하고 기도합니다.

이 같은 잘못된 신앙을 가지고 살다가 남에게 상처를 주고 피해를 주며 실족하게 하여 하루아침에 신뢰와 명예가 땅에 떨어져 주님을 욕되게 하고 있는 오늘의 기독교인들이 많이 있습니다. 죽을 수밖에 없는 저희들의 죄와 허물을 용서하여 주시옵소서. 이제부터는 용서함을 받고 하나님의 말씀에 붙잡혀 세상의 유혹을 이기고 새 사람이 되어 잘못된 신앙을 청산하고 신본주의로 되돌아가 하나님께 영광이 되는 존귀한 성도가 되게 하여 주시옵소서.

성경은 "여호와를 경외하는 것이 지식의 근본이거늘 미련한 자는 지혜와 훈계를 멸시하느니라"(잠 1:7)고 말씀하고 있습니다.

그러므로 저희들이 앞으로는 완악한 인본주의와 이기주의를 버리고 하나님만을 진실로 공경하고 두려워하여 자기중심주의적으로 내 것만을 움켜쥐고 살 것이 아니라 남을 나보다 낫게 여기고 먼저 존경하며(롬 12:9-10), 이웃에게 유익이 되고, 덕을 끼치는 참된 그리스도인들이 될 수 있도록 인도하여 주시옵소서.

05 주님의 은사를 사모하지 아니하고

주님의 놀라운 은사를 사모하지 않고 또 노력도 하지 않아 하늘의 보화를 얻지 못하고 무기력하게 시간만 낭비하며 살고 있는 어리석은 저희들의 죄악을 참회하고 기도합니다.

성경은 "너희는 더욱 큰 은사를 사모하라 내가 또한 가장 좋은 길을 너희에게 보이리라"(고전 12:31)고 말씀하셨습니다.

이와 같은 하나님의 음성(레마, Rhema)을 경청하지 아니하고 큰 은사를 사모하지 않음으로 말미암아, 영들 분별의 은사나 신유의 은사 등 여러 가지 은사를 받지 못하여 성령의 역사가 무엇이며 사탄의 역사가 무엇인지 제대로 분별하지 못하고, 자신도 실족하고 남도 넘어지게 하며 생명력 있는 성도의 삶을 살지 못하고 있습니다.

이를 참회하오니 용서하여 주시옵소서.

이제는 놀라우신 하나님의 은사를 구하고 또 구하여 천국의 수많은 영적인 보화를 얻고 깨달아 하나님의 복을 누리며 살게 하여 주시옵소서.

날마다 더욱 큰 은사를 사모함으로 깊이 성경을 연구하고 치열하게 기도하여, 천국의 여러 가지 비밀스런 은사를 체험하는 호크마(지혜) 성도들이 되게 하여 주시옵소서.

06 하나님의 정체성 부인

삶의 현장에서 결정적인 순간에 사실상 하나님의 정체성을 시인하지 못하고 이를 부인하며 살고 있는 오늘의 그리스도인들의 죄와 허물을 참회하고 기도합니다.

입으로는 하나님을 믿노라 신앙 고백을 하면서 실제로는 세상에 나아가 하나님이 우리의 창조주(창 1:1) 되심을 부인하고, 세상의 악한 영에 이끌리어 잘못 살고 있는 저희들을 용서하여 주시옵소서.

하나님 외에는 다른 신이 없음을 성경은 분명히 말씀하고 있지만(사 44:6), 하나님의 정체성을 삶의 현장에서 철저히 시인하지 못하고 있기 때문에 말씀대로 살지 못하고 있는 것입니다.

이제부터는 예수님을 세 번 부인하고 저주했던 베드로처럼 심히 통곡하고 참회하여 나 자신을 부인하고, 성부 성자 성령 삼위일체의 하나님과 만물을 창조하신 주님의 정체성을 뼛속 깊이 새기고, 입으로만이 아니라 온몸과 마음으로 시인하여 예수 그리스도만을 따라가게 하여 주시옵소서.

07 주님의 음성을 들을 줄 몰라

저희들은 하나님의 음성을 들으려고 노력한 적도 별로 없으며 음성을 들을 줄 몰라 이를 참회하고 기도합니다.

하나님께서는 인간을 창조하신 이래로 계속해서 성경 말씀을 통해, 또는 신령한 주의 종들을 통해 혹은 되어 가는 모든 일들을 통하여 음성을 들려주셨지만, 저희들은 믿음이 없어 귀를 막음으로 이를 들을 수가 없었습니다.

저희들은 불순종하고, 성령님을 모셔들이거나 신령한 주님의 음성(계 3:20)을 사모하지도 아니하여 이를 듣지 못하고 있습니다. 저희들의 부족함을 깨우쳐 주시고 용서하여 주시옵소서.

"귀 있는 자들은 성령이 교회들에게 하시는 말씀을 들을지어다"(계 3:6)라고 저희들에게 들려주시는 음성(레마, Rhema)을 듣고, 믿음의 확신을 가지고 아멘으로 화답하며 실천함으로써 주님과 동행하는 저희들 모두가 되게 하여 주시옵소서.

끝으로 하나님,

예수 그리스도를 배반하고 그를 팔았던 제자 가룟 유다의 실패한 삶을 통해서도, 지금 한국교회에 들려주시는 경고를 우리 모두가 믿음으로 열린 귀를 가지고 확실하게 듣게 하여 주시옵소서.

"너희들은 가룟 유다처럼 예수 그리스도를 팔아 탐욕을 채우고 여호와를 거역하여 망하기를 원하느냐?"

08 참회할 줄 몰라

헤아릴 수 없을 정도로 많은 죄를 지었음에도 불구하고 죄에 대하여 불감증에 걸려 있는 저희들의 허물을 참회하며 간구합니다.

성경은 "주의 약속은 어떤 이들의 더디다고 생각하는 것 같이 더딘 것이 아니라 오직 주께서는 너희를 대하여 오래 참으사 아무도 멸망하지 아니하고 다 회개하기에 이르기를 원하시느니라"(벧후 3:9)고 말씀하고 있습니다.

저희들이 멸망당하지 아니하고 다 살아남기 위해서라도 철두철미하게 회개를 해야 함에도 불구하고 아직도 진심으로 회개를 할 줄 모르는 어리석음을 깨닫게 하여 주시옵소서.
지금까지 진실로 기독교인들이 참회를 했다면, 왜 삶이 변하여 새 사람이 되지 못하고 세상으로부터 손가락질을 당하고 있겠습니까? 그래서 현재 한국교회의 화두는 "참회"라고 생각합니다.
1903년과 1907년 하디와 길선주 목사가 참회의 횃불을 들었던 것처럼, 우리 모두 통곡과 뜨거운 눈물로 몸부림쳐 깊이 회개할 수 있도록 주의 성령이 강권적으로 역사하여 주시옵기를 간절히 소원하며 기도합니다.

그리하여 마침내 전국의 교회마다 참회의 눈물바다가 되게 하여 주시옵소서.

09 진심 어린 회개가 없다

진심 어린 회개가 없는 이 세대를 위해 참회하고 기도합니다.

반성을 했다고 생각은 하지만 완전한 참회에 이르지 못해 항상 똑같은 죄를 범하는 어리석고도 거짓된 저희들을 용서하여 주시옵소서.

하나님께서는 "너희는 너희가 범한 모든 죄악을 버리고 마음과 영을 새롭게 할지어다 이스라엘 족속아 너희가 어찌하여 죽고자 하느냐"(겔 18:31)라고 말씀하고 계십니다.

저희들이 스스로 연약함과 거짓됨을 깨닫게 하시고, 지혜와 계시의 성령을 충만히 받아 확실한 참회가 있게 하시며, 똑같은 죄악을 두 번 다시 반복하지 않도록 인도하여 주시옵소서.

크게 각성하여 죽지 않고 새 생명을 얻는 참회의 길로 확실하게 인도하여 주시옵소서.

10 하나님의 원수로 행하다

안타깝게도 하나님의 원수로 행하는 이 세대를 위해 참회하며 간구합니다.

길과 진리와 생명이 되시는 예수님을 떠나고 하나님을 부인하여 주님과 화목하지 못하고 도리어 원수로 행하여 멸망의 길로 달려가는 불쌍한 이 세대를 용서하여 주시옵소서.

성경은 "세상과 벗된 것이 하나님과 원수 됨을 알지 못하느냐 그런즉 누구든지 세상과 벗이 되고자 하는 자는 스스로 하나님과 원수 되는 것이니라"(약 4:4) 하시고, 또한 "이제도 눈물을 흘리며 말하노니 여러 사람들이 그리스도의 십자가의 원수로 행하느니라 그들의 마침은 멸망이요"(빌 3:18-19)라고 말씀하셨습니다.

다윗의 자손 예수시여,
저들이 피눈물을 흘려 참회하게 하여 주시옵소서. 죽이기도

하시고 살리기도 하시는 무서운 하나님(삼상 2:6-7)이심을 철저히 깨닫게 하여 주시옵소서. 그리하여 두렵고 떨림으로 철저히 회개하고 구원을 받아 하나님의 원수가 변하여 친구가 되게 하여 주시옵소서.

나
세상 사람과 구별이 안 돼

11 돈·권력·명예

돈과 권력과 명예가 저희들의 우상이 되어 살고 있음을 솔직히 참회하고 기도합니다.

탐욕의 노예가 되어 살고 있는 저희들의 범죄함을 참회하오니 용서하여 주시옵소서.

성경은 "그들에게 이르시되 삼가 모든 탐심을 물리치라 사람의 생명이 그 소유의 넉넉한 데 있지 아니하니라"(눅 12:15)고 말씀하고 있지만 인간의 욕심은 끝이 없습니다.

성경 말씀대로 눈은 보아도 족함이 없고 귀는 들어도 차지 아니합니다(전 1:8).

주여,

저희들의 죄를 다시 한 번 회개하오니 용서하여 주시옵소서. 이제는 죄를 용서받고 성령을 선물로 받아 하늘의 영적인 보화와 오묘한 섭리를 깨닫고 세상의 모든 소유와 권세와 영광이 사도 바울과 같이 한낱 쓰레기처럼 여겨지게 하여 주시옵소서. 그리고 잠깐 있다가 없어지는 육체의 욕심을 따라 사는 부질없는 욕망의 노예가 되지 않게 하여 주시고, 말씀을 통하여 일하시는 성령(엡 6:17)의 지시에 따라 탐욕의 유혹을 물리치고 영원히 사는 경건한 성도들이 되게 하여 주시옵소서.

12 세상과 타협

타락한 세상과 적당히 타협하는 저희들의 죄를 참회하고 기도합니다.

세상의 영에 이끌리어 무기력하게 세상과 타협하고 눈에 보이는 이익만을 탐하여 하나님을 저버리는 어리석은 저희들을 용서하여 주시옵소서.

성경은 "하나님은 교활한 자의 계교를 꺾으사 그들의 손이 성공하지 못하게 하시며 지혜로운 자가 자기의 계략에 빠지게 하시며 간교한 자의 계략을 무너뜨리시므로 그들은 낮에도 어두움을 만나고 대낮에도 더듬기를 밤과 같이 하느니라"(욥 5:12-14)고 말씀하셨습니다.

마지막 때에 무섭게 심판하시는 하나님 앞에서 저희들이 주의 일을 하면서 복잡하게 계산하거나 교활한 계략을 행하지 않게 하여 주시옵소서. 오직 말씀을 좇아 성결하게 기도함으로 말씀을 통하여 일하시는 지혜와 계시의 성령의 뜻을 따라 순종하며 행하는 지혜자가 되게 하여 주시옵소서.

또한 성전이 진동하도록 뜨겁게 기도함으로 성령 충만하여 담대히 복음을 전했던 사도들처럼 성령의 충만함을 받게 하여 주시옵소서(행 4:31).

그리하여 세상을 거슬러 우리의 생명이 되고 진리가 되시는 예수님의 말씀만을 따라 살며, 세상과 타협하지 않게 하시고, 담대하고 거룩하게 오직 복음만이 우리가 살 길임을 크게 외쳐 전하게 하여 주시옵소서.

13 이중 인격적 삶

저희들의 겉 다르고 속 다른 이중 인격적인 삶을 참회하고 기도합니다.

세례 교인임에도 불구하고 사실상 하나님을 떠나 방종하게 살고 있는 저희들을 불쌍히 여기시고 용서하여 주시옵소서.

성경은 "곧 창세 전에 그리스도 안에서 우리를 택하사 우리로 사랑 안에서 그 앞에 거룩하고……예수 그리스도로 말미암아 자기의 아들들이 되게 하셨느니라"(엡 1:4-5)고 말씀하셨습니다.

안개나 먼지 같이 잠깐 있다가 사라질 아무것도 아닌 저희들을 거룩하고 흠이 없게 하시려고 택하셨건만, 우리 삶은 진실하지 못하여 세상 사람들에게 인정을 받지 못하고 있습니다. 이로 인해 하나님께서 마음이 얼마나 슬프시겠습니까?

주여,

이제는 참회하오니 항상 하나님을 경외하며 치열하게 기도하고 소외된 이웃을 구제하였던 고넬료처럼 경건한 사람이 되어, 이중 인격적인 삶이 변하여 고상한 인격을 갖춘 새 사람이 되게 하여 주시옵소서(행 10:2).

14 배은망덕

영과 육을 총체적으로 구원해 주시는 하나님의 큰 사랑을 깨닫지 못하고 배은망덕하게 살아온 저희들의 죄악을 참회하고 기도합니다.

영혼의 구원뿐만 아니라 저희가 바르게 믿기만 하면 육체의 많은 문제를 해결해 주시는 여호와여!

성경은 "너희는 그 은혜에 의하여 믿음으로 말미암아 구원을 받았으니 이것은 너희에게서 난 것이 아니요 하나님의 선물이라 행위에서 난 것이 아니니 이는 누구든지 자랑하지 못하게 함이라"(엡 2:8-9)고 말씀하고 있습니다. 이렇듯 구원은 우리의 공로가 아니고 어디까지나 하나님의 선물임을 가르쳐주고 있습니다.

하나님,
이런 큰 은혜를 받고도 저희들은 삶의 과정에서 하나님을 거역하고 주님을 너무나 슬프게 해드렸습니다. 돌이켜보니 이런 일들이 한두 번이 아니었음을 깨닫게 됩니다. 이처럼 배은망덕하게 살아온 것을 솔직히 시인하지 아니할 수 없는 죄인입니다.

참회하오니 십자가의 보혈로 저희의 죄를 성결하게 씻어주시고, 하나님의 구원의 은총을 받은 자답게 범사에 감사하며, 항상 기뻐하며, 구원의 은혜를 찬양하고, 쉬지 않고 기도하며, 주님의 사랑과 복음을 널리 전파하는 증인들이 되게 하여 주시옵소서.

15 시기와 원망

시기와 원망으로 모든 것을 다 남의 탓으로 돌리고 남이 잘 되는 것을 배 아파하며 살아온 저희들의 죄악을 참회하고 간구합니다.

부모로부터 편애를 받던 요셉은 형들에게 시기와 원망을 듣고 애굽의 노예로 팔려갔지만(창 37장), 하나님을 계속 경외함으로 복을 받아 애굽의 총리가 되는 영광을 누렸을 뿐만 아니라 나중에는 형들을 모두 용서해 주고, 7년 흉년 때에 모든 가족들을 가나안에서 애굽의 고센 땅으로 데리고 와서 살게 해주었습니다(창 42-46장).

사랑의 하나님,

저희들도 요셉의 형들처럼 형제들과 이웃들에게 시기와 원망을 하지 않게 하시고, 요셉처럼 저희들을 시기하고 원망하는 사람들을 사랑으로 용서하며, 오히려 그들에게 도움을 주는 사랑의 사람들로 변화되게 하여 주시옵소서.

성경은 "당신들은 나를 해하려 하였으나 하나님은 그것을 선으로 바꾸사 오늘과 같이 많은 백성의 생명을 구원하게 하시려 하셨나니 당신들은 두려워하지 마소서 내가 당신들과 당신들의 자녀를 기르리이다 하고 그들을 간곡한 말로 위로하였더라" (창 50:20-21)고 기록하고 있습니다.

주님!

마음은 원이로되 육신이 연약하여 저희들은 요셉과 같이 선을 행하기가 매우 힘든 죄인들입니다.

그러나 진실로 참회하고, 성령을 받아 순종하고 하나님을 경외하면, 시기와 원망으로 가득 찬 저희들의 삶의 모습이 변하여 요셉처럼 용서와 위로와 사랑과 긍휼을 실천하는 아름다운 그리스도인들로 변화되게 하여 주실 줄로 믿습니다. 그렇게 꼭 이루어 주시옵소서.

16 불평불만

항상 감사하는 믿음의 사람이 되지 못하고 날마다 불평불만 하며 살고 있는 저희들의 죄와 허물을 참회하고 기도합니다.

성경은 "항상 기뻐하라 쉬지 말고 기도하라 범사에 감사하라 이것이 그리스도 예수 안에서 너희를 향하신 하나님의 뜻이니라"(살전 5:16-18)고 말씀하셨건만, 저희들은 있는 것으로는 감사할 줄을 모르고 항상 없는 것으로만 불평불만하며 마귀와 짝하여 살고 있습니다. 이와 같은 무지함과 불신앙을 용서하여 주시옵소서.

앞으로는 감사할 조건만을 찾아 더욱 감사하게 하여 주시옵고, 모든 일에 합력하여 선을 이루어 주시는 하나님께 지극히 작은 일에도 감사하며 찬양하며 살게 하여 주시옵소서.

17　경건하지 못한 언행심사

여호와 하나님,

저희들은 왜 경건하지 못한 언행심사로 살고 있습니까?

이를 참회하고 기도합니다. 저희들의 허물을 바울처럼 참회하고 그리스도를 닮아가는 영성의 길로 나아가게 하여 주시옵소서.

"회개, 믿음, 성결"이라는 신학적 주제를 가지고 영국의 사회와 교회를 변화시키고 개혁에 성공한 존 웨슬리처럼 규칙적으로 금식하고 오랫동안 눈물로 깊이 기도함으로 거룩한 영성으로 성화되어, 그리스도를 닮아가게 하여 주시옵소서.

성경은 "하나님 아버지 앞에서 정결하고 더러움이 없는 경건은 곧 고아와 과부를 그 환난 중에 돌보고 또 자기를 지켜 세속에 물들지 아니하는 그것이니라"(약 1:27)고 말씀하셨습니다.

저희들도 말씀과 기도로 철저히 무장하여 세속에 물들지 않도록 인도하여 주시고 언행심사가 경건한 성도들이 되게 하여 주시옵소서.

18 외모로 판단하다

하나님의 형상으로 지음 받은 존귀한 사람들을 저희들은 외모로 판단하고 편견을 갖고 살고 있음을 참회하며 기도합니다.

성경은 "만일 너희가 사람을 차별하여 대하면 죄를 짓는 것이니 율법이 너희를 범법자로 정죄하리라"(약 2:9)고 말씀하셨습니다.

그러나 저희들은 사람을 사회적 신분의 높고 낮음이나 재물의 많고 적음으로 판단하며 소문만 듣고도 정죄하였사오니 이 허물을 용서하여 주시옵소서.

사람을 외모로 취하지 아니하시고 오직 중심을 보시며, 작은 자를 더욱 사랑하시는 주님의 시각으로 사람을 대하게 하옵소서. 말씀과 성령 안에서 하나님이 지으신 피조물들을 아름답고 존귀하게 여기시는 예수님처럼 외모로 판단하지 아니하고 한 영혼, 한 생명을 천하보다 더 귀하게 여기고, 지극히 작은 자를 사랑으로 섬기는 작은 예수로 살게 하여 주옵소서.

19 내 생각·내 고집·내 주장만

이 세상에 살면서 그동안 내 생각, 내 고집, 내 주장만을 내세우며 살아온 저희들의 죄를 참회하고 기도합니다.

예수님께서는 "아무든지 나를 따라오려거든 자기를 부인하고 날마다 제 십자가를 지고 나를 따를 것이니라"(눅 9:23)고 말씀하셨습니다.

그럼에도 불구하고 저희들은 악령에 미혹되어 내 생각, 내 고집, 내 주장만이 옳다고 나를 앞세우며 내가 우상이 되어 교만하게 예수님을 떠나 살았습니다.

저희들의 죽어 마땅한 죄악을 용서하여 주시옵소서. 주님은 수고하고 무거운 짐 진 자들은 다 내게로 오라 말씀하셨는데, 우리 인생의 무거운 짐을 다 주님 발 앞에 내려놓게 하옵소서. 그리고 매일매일 나를 부인하고, 내 십자가를 지고 죄를 참회한 자답게 완악한 이기심을 버리고, 겸손과 눈물로써 주님만을 뒤따라가는 예수님의 참제자가 되게 하여 주시옵소서.

20 용서를 하지 못해

저희들은 말로 다할 수 없는 죄악과 허물 가운데 살다가 하나님께 용서받고 구원 얻고 새 생명을 받았으나, 아직도 이웃의 작은 허물을 용서하지 못하고 살고 있음을 참회하고 기도합니다.

성경은 "서로 용서하기를 하나님이 그리스도 안에서 너희를 용서하심과 같이 하라"(엡 4:32), "이는 우리로 사탄에게 속지 않게 하려 함이라"(고후 2:11)고 말씀하고 있습니다.

용서하시는 여호와여,
성경은 저희들이 그동안 억울해서 용서를 못하고 있는 것이 아니라, 사탄에게 속고 있기 때문에 용서를 못하고 있음을 깨우쳐 주셨습니다. 그러므로 저희들을 속이고 그리스도의 사랑으로 용서하지 못하게 하는 마귀를 성령의 불로 태워 없애 주시옵고, 사랑의 성령의 인도하심에 따라 용서하고 사랑하는 저희 모두가 되게 하여 주시옵소서.

또한 성경은 "너희가 사람의 잘못을 용서하면 너희 하늘 아버지께서도 너희 잘못을 용서하시려니와 너희가 사람의 잘못을 용서하지 아니하면 너희 아버지께서도 너희 잘못을 용서하지 아니하시리라"(마 6:14-15)고 경고하셨습니다.

사랑의 하나님,

저희들이 하나님께 용서를 받기 위해서라도 이제부터는 형제들의 허물을 용서할 수 있도록 지혜를 부어 주시옵소서. 하나님께 용서를 받지 못한다면 무서운 심판을 받을 수밖에 없기 때문입니다.

저희들이 그동안 이웃과 형제들을 용서하지 못한 죄와 허물을 눈물로써 깊이 깨닫고 참회하오니, 십자가의 보혈로 깨끗이 씻어 주시고 용서하여 주시옵소서. 그리고 하나님의 성령 안에서 죄 씻음과 거룩함과 의롭다 하심을 받게 하여 주시옵소서. 형제를 용서하고 또 이웃을 용서하는 하나님의 사람들이 되게 하여 주시옵소서.

21 기도 응답을 못 받다

믿음이 없어 순종하지 못하여 기도 응답을 제대로 받지 못하고 있는 저희들의 죄를 참회하고 간구합니다.

약속의 말씀을 붙잡고 기도를 하고는 있지만, 말씀에 대한 확고한 믿음이 없어 순종하지 못하여 기도 응답을 못 받고, 문제의 해결을 보지 못함으로 낙심하며 두려움에 떨고 있는 저희들을 용서하여 주시옵소서.

성경은 오늘도 "무엇이든지 기도하고 구하는 것은 받은 줄로 믿으라 그리하면 너희에게 그대로 되리라"(막 11:24)고 말씀하고 있지만, 이에 대한 확신이 없어 거룩한 해결사이신 하나님께 응답을 못 받고 전전긍긍하고 있습니다. 믿음이 없음을 참회하며 기도하오니 응답해 주시옵소서.

또 성경은 "그를 향하여 우리가 가진 바 담대함이 이것이니 그의 뜻대로 무엇을 구하면 들으심이라"(요일 5:14)고 말씀하셨습니다.

순종하는 자에게 응답해 주시는 하나님,

저희들이 말씀 충만, 성령 충만하여 어떠한 환경 속에서도 할 수 있는 대로 참회하고 순종하여 구함으로 기도에 응답받는 기쁨을 누리게 하여 주시옵소서.

22 죄와 허물을 깨닫지 못해

무서운 결과를 초래하는 죄와 허물을 제대로 깨닫지 못하고 엄벙덤벙 살고 있는 저희들의 잘못을 참회하고 기도합니다.

하나님,

퇴락해가는 저희들의 영성은 왜 회복되지 못하고 있습니까? 죄와 허물을 깨닫지 못해 참된 회개, 참회가 없기 때문이라고 생각합니다. 그러면 저희들이 통상적으로 범하고 있는 죄는 무엇입니까?

성경에 보면 "이는 세상에 있는 모든 것이 육신의 정욕과 안목의 정욕과 이생의 자랑이니 다 아버지께로부터 온 것이 아니요, 세상으로부터 온 것이라"(요일 2:16)고 하시고, 또 "믿음을 따라하지 아니하는 것은 다 죄니라"(롬 14:23)고 말씀하셨습니다.

이제야 이 말씀들을 통하여 저희들의 구체적인 죄악을 깨달았사오니 용서하여 주시옵소서. 잘못을 철저히 깨닫고 피눈물을 흘려 베드로처럼 참회하게 하여 주시옵소서.

또한 성경은 "너희도 만일 회개하지 아니하면 다 이와 같이 망하리라"(눅 13:3)고 말씀하고 있습니다. 망하기를 원하는 사람들이 세상에 어디 있겠습니까?

주님,
하나님의 성령은 "살리는 영"(요 6:63)이라고 말씀하고 계십니다. 이 말씀대로 베드로는 예수님을 저주하는 죄를 범하였지만 죄와 허물을 철저히 깨닫고 울며 참회함으로 생명을 살리는 성령을 받아 다시 사는 새 생명을 얻고 예수님의 수제자가 되었습니다(행 2:38).

반면에 가룟 유다는 다른 제자들처럼 더러운 귀신을 내쫓고 모든 병과 모든 약한 것을 고치는 권능을 받은 사람이었지만(마 10:1), 물질에 대한 탐욕 때문에 예수님을 은 30냥에 팔았습니다(마 26:15). 그럼에도 불구하고 그는 베드로와는 달리 죄와 허물을 깨닫지 못하고 끝까지 참회를 하지 않다가 하나님의 심판을 받았습니다.

누가는 "그는 몸이 곤두박질하여 배가 터지고 창자가 다 흘러나오는 비참한 죽음을 맞았다"(행 1:18)고 성경에 기록하고 있습니다.

하나님 아버지!

저희들에게 베드로와 가룟 유다의 삶이 주는 교훈으로 인하여 두렵고 떨리는 마음으로 죄와 허물을 철저히 깨닫게 하여 주시며, 심한 통곡과 눈물로 참회하여 용서함을 받은 후 성령을 부어 주시옵소서. 그리하여 새 생명을 얻어 나도 살고 남도 살리는 영원히 사는 복음 전도자가 되게 하여 주시옵소서.

23 개념이 없어

저희들에게 가장 중요한 종말론적인 신앙의 개념이 없음을 솔직히 고백하고 참회하며 간구합니다.

성경은 "이 천국 복음이 모든 민족에게 증언되기 위하여 온 세상에 전파되리니 그제야 끝이 오리라"(마 24:14)고 말씀하셨습니다.

또 성경은 "많은 사람이 내 이름으로 이르되 나는 그리스도라 하여 많은 사람을 미혹하리라……민족이 민족을 나라가 나라를 대적하여 일어나겠고 곳곳에 기근과 지진이 있으리니 이 모든 것은 재난의 시작이라"(마 24:5-8)고 말씀하셨습니다.

I. 새 사람을 위하여

이와 같은 현상을 지금도 볼 수가 있으니 말세의 징조가 조금씩 나타나고 있다고 생각하지 아니할 수 없습니다. 이에 주님은 "이러므로 너희도 준비하고 있으라 생각하지 않은 때에 인자가 오리라"(마 24:44)고 경고하셨습니다.

주여,
그럼에도 불구하고 저희들은 인류의 종말에 대한 개념이 없어, 깨어 일어나 죄악을 참회하지 아니하며, 기도하지도 아니하고, 노아의 홍수 때 사람들처럼 날마다 먹고 마시고 시집가고 장가들고 세상의 쾌락만을 추구하며 교만하게 살고 있습니다.

무시무시한 심판을 준비하고 계신 하나님,

'설마 우리 시대에 종말이 오겠는가?' 하는 무감각함과 종말론에 대한 개념과 신앙이 없이 막연히 살고 있는 저희들의 죽을 수밖에 없는 죄악을 참회하오니 용서하여 주시옵소서.

이제부터는 주님이 언제 오셔서 마지막 심판을 하실지 모른다는 긴박함으로 살게 하옵소서.

'오늘 하루가 내게는 마지막이 될 수 있다는 절박한 심정'을 가지고 철저히 회개하며, 목숨을 걸고 기도하고, 뜨겁게 찬양하며, 전심으로 봉사하고, 생명을 바쳐 복음을 전했던 초대교회의 사도들과 같이 종말론적인 신앙을 가지고 불꽃같이 사명을 감당하는 저희들 모두가 되게 하여 주시옵소서.

이렇게 함으로써 재림 예수님께서 마지막으로 무섭게 심판하실 때 잘했다 칭찬 듣는 성도들이 다 되게 하여 주시옵소서.

24 이름만 교인

표면적인 기독교인으로 살고 있는 이 세대들을 위해 참회하고 기도합니다.

성경은 "만일 너희 속에 하나님의 영이 거하시면 너희가 육신에 있지 아니하고, 영에 있나니 누구든지 그리스도의 영이 없으면 그리스도의 사람이 아니라"(롬 8:9)고 하시고, 이어서 "무릇 하나님의 영으로 인도함을 받는 사람은 곧 하나님의 아들이라"(롬 8:14)고 말씀하셨습니다.

하나님 아버지,

결국 진정한 그리스도인이 되기 위해서는 믿음으로 참회하여 구원을 얻고 진리의 성령을 선물로 받아야만 하나님의 자녀이며(행 2:38), 진정한 그리스도의 사람이라고 말씀하셨습니다. 그러나 이 세대들은 예수님을 믿노라 하면서도 인간의 죄악 된 마음의 심각성을 간과하고 참회를 하지 않고 있습니다.

또한 세상의 영에 미혹되어 전심전력으로 주님을 찾지 않고, 또 하나님을 찾고자 하는 신앙의 열정이 없고 말씀에 순종하지 않아 성령세례도 받지 못하고 있습니다(행 5:32).

찬양 중에 또는 말씀과 성령 안에서 주님을 만나 본 적이 없기 때문에 하나님의 백성이라는 자기 정체성을 깨닫지 못하고 겉도는 신앙생활로 시간만 낭비하고 겨우 주일날에만 교회에 오는 경우가 많습니다.

주여,

이 세대들을 불쌍히 여겨 주시고, 지난날의 허물을 진심으로 회개하고 용서받고 성령을 충만히 받아 그리스도의 영이 함께하는 거룩한 성도가 되게 하여 주시옵소서.

이리하여 이름만 교인이라는 불명예를 씻고, 성령 충만, 말씀 충만하여 초대교회의 사도들처럼 창조적이고 생산적이며 활력과 권능이 넘쳐, 하나님께 크게 쓰임 받는 도구들이 되게 하여 주시옵소서.

그래서 이름만 교인인 그들이 성령의 감화 감동을 받아 새 사람으로 변화되어 하늘의 생명록에 기록되는 영광스러운 참된 그리스도인들이 다 되게 하여 주시옵소서.

다 소망을 잃어

25 열심 없는 믿음

신앙생활을 하면서 열심이 없음을 솔직히 참회하고 기도합니다.

성경은 "너희가 온 마음으로 나를 구하면 나를 찾을 것이요 나를 만나리라"(렘 29:13)고 말씀하고 있습니다.

그러나 저희들은 교회에 출석은 하고 있지만 열심이 없고 전심으로 주님을 찾지 못함으로 말씀을 읽을 때나 찬양을 할 때나 그 안에 계시는 하나님을 전인격적으로 만나지 못하고(요 1:1), 길 잃은 어린 양처럼 공허하게 방황하고 있습니다. 저희들의 이러한 허물을 용서하여 주시옵소서.

이제부터는 생명이 되시고 고난이 변하여 영광이 되게 하시는 주님을(롬 8:18) 말씀에 의지하여 꼭 만나야겠다는 각오를 가지고 전심전력으로 기도하고, 성경을 읽으며, 뜨겁게 찬양하게 하여 주시옵소서. 또한 하나님의 말씀과 이스라엘의 찬송 중에 거하시는 주님을 전인격적으로 만날 수 있도록 축복하여 주시옵소서.

그리하여 엠마오 도상에서 부활하신 예수님을 만나 감격하여 가슴이 뜨거웠던 예수님의 제자 글로바처럼(눅 24:32), 저희들도 신앙의 열심과 영성을 회복하고 은혜가 충만하여 부활하신 예수님의 증인들이 되게 하여 주시옵소서.

26 간절히 기도하지 않고

간절함이 없어 우리의 절대 생명이 되시는 하나님께 매달려 기도하지 않는 저희들의 무지함을 참회하고 기도합니다.

지금 갖고 있는 사회적 신분과 명예와 소유 때문에 예수님이 구세주이신 그리스도라는 사실에 대한 절대적인 인식이 결여되어 이것이 저희들로 하여금 하나님을 결사적으로 찾지 못하게 하는 중대 요인이 되고 있음을 자백합니다.

하나님,

주님께서 돕지 않으셔도 나는 잘살 수 있다는 생각이 우리들 마음속에 내재되어 있는 것입니다. 내 속에 또 다른 우상, 곧 '나'가 존재하고 있는 것입니다. 주여, 용서하여 주시옵소서.

성경은 "여호와는 죽이기도 하시고 살리기도 하시며 스올(지옥)에 내리게도 하시고 거기에서 올리기도 하시는도다 여호와는 가난하게도 하시고 부하게도 하시며 낮추기도 하시고 높이기도 하시는도다"(삼상 2:6-7)라고 말씀하고 계십니다.

저희들이 이 무서운 하나님의 말씀을 기억하고 인간은 잠시 있다가 없어질 안개와 같은 아무것도 아닌 존재임을 절실히 깨닫고, 오늘 하루가 내게 마지막이 될 수 있다는 종말론적 신앙을 가지고, 이제부터는 목숨을 걸고 간절히 주님께 매달려 기도하는 우리 모두가 되게 하여 주시옵소서.

27 이웃의 불행을 외면하다

이웃의 불행을 모른 채 외면해 온 저희들의 죄와 허물을 참회하고 기도합니다.

성경은 "새 계명을 너희에게 주노니 서로 사랑하라 내가 너희를 사랑한 것같이 너희도 서로 사랑하라 너희가 서로 사랑하면 이로써 모든 사람이 너희가 내 제자인 줄 알리라"(요 13:34-35)고 하셨습니다. 그러나 서로 사랑하기는커녕 이웃을 외면해 온 저희들을 용서하여 주시옵소서.

강도 만난 사람을 구원한 사마리아인처럼 불행을 겪는 이웃에게 사랑의 손길을 먼저 내밀어 위로하고, 상처를 싸매어주며, 우는 자와 함께 울고, 웃는 자와 함께 웃을 수 있는 진실한 사랑의 사람이 되게 하여 주시옵소서.

또 성경은 "나를 사랑하고 내 계명을 지키는 자에게는 천 대까지 은혜를 베푸느니라"(출 20:6)고 말씀하셨습니다.

그리스도께서 저희들에게 끼쳐주신 구원의 은혜와 큰 사랑으로 인하여 이제부터는 이웃을 애써 외면하지 않고, 겸손과 눈물과 관심과 사랑으로 주목하게 하여 주시고, 새 계명을 실천하여 자손 천 대까지 복을 받는 저희들이 되게 하여 주시옵소서(출 20:6).

28 중독증에 걸려

알코올, 도박, 마약, 성, 쇼핑, 인터넷, 스마트폰, 이혼중독증 등에 걸려 신음하는 이 세대를 위하여 참회하고 기도합니다. 저들의 허물을 용서하여 주시고 깨끗이 고쳐주시옵소서.

성경은 "주 여호와의 말씀이니라 보라 날이 이를지라 내가 기근을 땅에 보내리니 양식이 없어 주림이 아니며 물이 없어 갈함이 아니요 여호와의 말씀을 듣지 못한 기갈이라"(암 8:11)고 말씀하고 계십니다.

하나님 아버지,
그들도 하나님의 말씀을 듣지 못한 기갈로 인하여 말씀으로 치유받지 못하고, 저런 중독증에 걸려 고통 받고 가족들에게도 극심한 피해를 주고 있음을 깨닫게 하여 주시옵소서.

그러므로 성경은 "사람들이 귀신들린 자를 많이 데리고 예수께 오거늘 예수께서 말씀으로 귀신들을 쫓아내시고 병든 자들을 다 고치시니 이는 선지자 이사야를 통하여 하신 말씀에 우리의 연약한 것을 친히 담당하시고 병을 짊어 지셨도다 함을 이루려 하심이더라"(마 8:16-17)고 말씀하셨습니다.

아무쪼록 그들이 사람은 떡으로만 사는 것이 아니고 하나님의 말씀으로 사는 진리를 다시 한 번 깊이 깨닫게 하여 주시옵소서. 우리들의 모든 병을 짊어지시고 고쳐주시는 예수님께서 말씀으로 귀신을 쫓아내시고 완전하게 치유해 주시는 놀라운 기적이 일어나게 하여 주시옵소서.

29 음란하다

음란한 이 세대를 위하여 참회하고 기도합니다.
십계명 중 일곱 번째 계명은 "간음하지 말라"입니다.

여호와 하나님,
성경은 "그리스도 예수의 사람들은 육체와 함께 그 정욕과 탐심을 십자가에 못 박았느니라"(갈 5:24)고 말씀하고 있지만, 믿노라 하는 사람들 중에도 믿음이 없어 아직도 옛사람을 벗어버리지 못하고 육신의 정욕과 안목의 정욕을 따라 살아가는 사람들이 너무나 많이 있습니다.

또 성경은 "두려워하는 자들과 믿지 아니하는 자들과 흉악한 자들과 살인자들과 음행하는 자들과 점술가들과 우상숭배자들과 거짓말하는 모든 자들은 불과 유황으로 타는 못에 던져지리니"(계 21:8)라고 말씀하셨습니다.

그러나 주의 백성들이 성 개방시대에 영향을 받아 음란영상물을 탐닉하고, 불륜과 동성애와 성폭행 등 비성서적 가치관을 가지고 탈선하는 경우가 적지 않습니다. 이러한 매우 잘못된 생활을 하루 속히 청산하게 도와주시옵소서. 참회함으로 성령에 이끌리어 하나님이신 말씀에 붙잡혀 경건한 삶을 사는 성도들이 다 되게 하여 주시옵소서.

특히 음행하는 자들은 살인자들과 똑같이 영원히 꺼지지 않는 유황불 속에 던져져 참혹한 종말을 맞이한다는 사실을 깨닫고, 피눈물을 흘려 참회하고, 마귀의 사슬에서 벗어나 새 사람이 되게 하여 주시옵기를 간절히 기도합니다.

30 우울증·자살

전능하신 하나님,

이 땅에는 우울증 환자와 자살하는 사람들이 많이 있습니다. 이들에게 다시는 이 같은 불행한 일이 발생하지 않기를 위해 간구합니다.

지금은 경제적으로 부유한 시대가 되었지만 하나님의 위로가 절대적으로 필요한 때입니다. 이 나라에 우울증 환자로 집계된 사람만 100만 명이며, 그 외에 치료받지 못하고 있는 사람들까지 합치면 수백만 명에 이른다고 합니다. 자살자는 일 년에 일만 수천 명, 하루에 40여 명이 스스로 자기 삶을 포기하고 있는 것입니다. OECD국가 중에 자살률 1위라고 합니다.

사랑의 하나님,

이 나라를 불쌍히 여겨주시고 특히 낙심하고 절망하는 이 세대를 구원의 길로 인도하여 주시옵소서. 혹시 그들에게 허물이 있습니까? 용서하여 주시옵소서.

성경은 "환난날에 나를 부르라 내가 너를 건지리니 네가 나를 영화롭게 하리라"(시 50:15) 하시고, 또 "여호와는 마음이 상한 자를 가까이 하시고 충심으로 통회하는 자를 구원하시는도 다"(시 34:18)라고 말씀하셨습니다.

그들이 환난과 고통 중에 하나님의 위로를 받게 하시고, 참회할 때 구원해 주시며, 기도할 때 응답해 주시고, 환난에서 건져주시어 하나님의 영광을 찬송하는 믿음과 소망의 새 사람들이 되게 하여 주시옵소서. 슬픔과 절망이 변하여 기쁨과 소망이 되게 하심으로 살아계신 하나님의 참 증인들이 되게 하여 주시옵소서.

II
새 교회를 위하여

가. 불신앙
나. 탐욕과 부패
다. 교회의 본질을 망각하다
라. 사랑과 눈물이 없어

오늘날 한국교회는 부정부패가 만연하여 하나님의 진노가 임할 심각한 상황에 처하여 있습니다. 신뢰와 명예가 땅에 떨어져 세상 사람들로부터 지탄을 받고 있는 실정입니다.

하늘에 계신 하나님께서는 그의 백성들과 교회가 세상으로부터 손가락질을 당하고 있는 모습을 보시고 얼마나 슬퍼하시겠습니까?

우리는 하나님을 욕되게 한 행위를 통렬히 참회해야 하겠습니다. 예수님을 저주했던 베드로의 심한 통곡과 눈물의 참회기도를 들으시고 그를 용서해 주신 주님께서 우리가 '땀방울이 핏방울이 되도록 기도하고 깊이 회개할 때' 용서해 주실 줄 믿습니다.

우리 모두 함께 금식하며 피눈물 흘려 마음속 깊이 참회합시다. 그리하면 하나님께서는 하늘 문을 열어 주실 것입니다.

가

불신앙

31 자신의 정체성을 몰라

많은 사람들이 어디서 와서 어디로 갈 것인가를 모르고 어리석게 살고 있습니다. 우리를 불쌍히 여기시고 용서하여 주시옵소서. 우리의 정체성을 바르게 깨닫게 하여 주시옵소서.

성경은 "기록된바 의인은 없나니 하나도 없으며 깨닫는 자도 없고 하나님을 찾는 자도 없고……그 입에는 저주와 악독이 가득하고 그들의 눈앞에 하나님을 두려워함이 없느니라"(롬 3:10, 11, 14, 18)고 말씀하셨습니다.

이를 기억하고 흙으로 지음 받은 저희들이 하나님과 사람들 앞에 피할 수 없는 죄인이라는 사실을 자각하고 참회하게 하여 주옵소서. "마음이 청결(회개)한 자는 복이 있나니 그들이 하나님을 볼 것임이요"(마 5:8)라고 말씀하신 대로 이루어 주시옵소서. 진심으로 회개하고 성령을 선물로 받아(행 2:38), 천국에 소망을 두고 사는 하나님의 거룩한 백성이 되게 하여 주심으로, 우리의 정체성을 바르게 깨닫게 하여 주시옵소서.

32 입으로만 주여

예수 그리스도의 십자가를 입으로는 시인하나, 속마음으로는 사실상 부인하는 적지 않은 한국교회를 대신하여 참회하며 기도합니다.

성경은 "마음으로 믿어 의에 이르고 입으로 시인하여 구원에 이르느니라"(롬 10:10)고 말씀하셨는데, 신앙의 기본상식선이 무너진 한국교회는 현재 뿌리째 흔들리고 있습니다.

훼파된 예루살렘 성을 바라보시고 우셨던 주님,
지금 마귀에게 살처분 당할 위기에 처한 한국교회를 바라보시고 눈물을 흘리고 계실 성령 하나님이시여,

베드로처럼 통곡하고 참회하여 주님의 뜻을 따라 사는 새 교회가 되게 하여 주시옵소서.

그리하여 입으로만이 아니라 이제는 온몸으로 주님을 시인하고 십자가를 시인함으로, 영성이 회복되고 말씀과 성령이 살아 역사하여 온몸으로 참신앙을 실천하는 능력 있는 교회가 되게 하여 주시옵소서.

33 미지근하다

라오디게아 교회처럼 미지근한 교인과 교회가 너무나 많고 또한 열매도 별로 없습니다.
주여,
참회하오니 용서하여 주시옵소서.
열매가 없어 무화과나무를 질책하신 하나님,
교회들의 사랑은 날로 더 미지근하게 식어가고 있습니다. 젊은이들은 교회를 떠나고 있으며 한국교회는 부흥이 정체되어 있습니다.

성경은 "네가 이같이 미지근하여 뜨겁지도 아니하고 차지도 아니하니 내 입에서 너를 토하여 버리리라"(계 3:16)고 말씀하고 있습니다.

무기력한 라오디게아 교회와 비슷한 많은 한국교회가 깊이 참회함으로 성령 충만하여 변화를 받아, 환난과 핍박 중에도 더욱 뜨겁게 복음을 전했던 안디옥 교회처럼 되게 하여 주시옵소서.

34 자랑

우리의 구세주이신 예수님만을 자랑해야 함에도 불구하고 나를 내세우며 자랑하고 살아온 허물을 참회하며 기도합니다.

성경은 "심령이 가난한 자는 복이 있나니 천국이 그들의 것임이요"(마 5:3)라고 말씀하셨으며, 또한 "하나님은 교만한 자를 대적하시되 겸손한 자들에게는 은혜를 주시느니라 그러므로 하나님의 능하신 손 아래에서 겸손하라 때가 되면 너희를 높이시리라 너희 염려를 다 주께 맡기라 이는 그가 너희를 돌보심이라"(벧전 5:5-7)고 하셨습니다.

겸손히 모든 것을 다 내려놓고 주님께 더 가까이 다가가야 하건만 현실은 그렇지 못하고 예수님의 제자들처럼 '누가 더 크냐'고 자랑하며 살고 있습니다. 용서하여 주시옵소서.
이제는 참회하고 새 사람이 되어 천국을 소유하며, 겸손히 자족하고 감사하는 교회와 성도들이 되게 하여 주시옵소서.

35 교만

지금까지 교만하게 살아온 저희들의 죄와 허물을 진심으로 참회하며 기도합니다.
한국교회는 지금 교단마다 소란스럽습니다.
주님,
나보다 남을 낫게 여기며 겸손히 섬겨야 마땅함에도 나를 남보다 더 낫게 여기는 교만과 우월의식이 팽배하여 서로 다툼으로 조용한 교단이 없을 정도로 시끄럽습니다.

성경은 "교만이 오면 욕도 오거니와 겸손한 자에게는 지혜가 있느니라"(잠 11:2), "누구든지 자기를 높이는 자는 낮아지고 누구든지 자기를 낮추는 자는 높아지리라"(마 23:12)고 말씀하십니다.

그런데 한국교회는 주님의 말씀을 거역하고 교만하여 하나님의 매를 자초하고 있습니다.

주여,

용서하여 주시옵소서. 과거 동유럽의 공산주의 국가들이 교만하여 하나님을 반역하고 모두 멸망을 당한 역사적 교훈을 한국교회가 깨닫고, 철저히 참회하여 하나님께 순종하고 겸손히 주님을 섬김으로 이웃을 섬기는 거룩한 교회가 되게 하여 주시옵소서.

36 시비와 분쟁

예수님을 믿노라 하면서도 저희들이 부족하여 시비와 분쟁에 휘말리는 경우가 많이 있습니다. 저희들의 허물을 용서하여 주시옵소서.

성경은 "유순한 대답은 분노를 쉬게 하여도 과격한 말은 노를 격동하느니라 지혜 있는 자의 혀는 지식을 선히 베풀고 미련한 자의 입은 미련한 것을 쏟느니라"(잠 15:1-2)고 말씀하셨습니다.

또한 성경은 "무릇 더러운 말은 너희 입 밖에도 내지 말고 오직 덕을 세우는 데 소용되는 대로 선한 말을 하여 듣는 자들에게 은혜를 끼치게 하라"(엡 4:29)고 말씀하고 있습니다.

그러나 저희들은 어리석어서 지혜롭고 선한 말을 잘할 줄 몰라 남을 격동시키고 분노를 일으키게 하는 경우가 많았고, 무의식중에라도 상처를 주는 때가 있었습니다.

지혜와 계시의 영이 함께하여 주심으로 말미암아 선한 말과 행위로써 덕을 세우며, 지혜롭고 선하게 살게 하여 주셔서 시비와 분쟁에 휘말리지 않도록 이끌어 주시옵소서. 그리고 평화의 왕 예수 그리스도를 전하는 사랑의 사람들이 되게 하여 주시옵소서.

37 십자가 실종

오늘날 한국교회는 '그리스도가 없는 교회', '십자가가 없는 교회'로 변질되어 가고 있습니다. 이를 눈물 뿌려 참회하오니 용서하여 주시옵소서.

하나님 아버지시여,
그리스도와 십자가가 없는 교회는 사실상 교회가 아닙니다. 그리스도와 십자가를 잃어버리면 교회와 성도는 타락할 수밖에 없습니다. 그러므로 십자가를 붙들고 눈물로 신령과 진정으로 회개하게 하여 주시옵소서. 용서함을 받고 십자가 신앙을 회복하여 구원의 수단으로만 십자가를 인식할 것이 아니라, 그리스도를 믿고 삶과 신앙생활 전반에 걸쳐 실제적으로 적용하고 실천하는 저희들이 되게 하여 주시옵소서.

성경은 "우리의 옛사람이 예수와 함께 십자가에 못 박힌 것은 죄의 몸이 죽어 다시는 우리가 죄에게 종노릇 하지 아니하려 함이니 이는 죽은 자가 죄에서 벗어나 의롭다 하심을 얻었음이라"(롬 6:6-7)고 말씀하고 있습니다.

그러므로 죄로는 주님과 함께 십자가에 못 박혀 죽게 하시고, 믿음의 의로는 주님과 함께 다시 사는 진리를 깨닫게 하여 주시옵소서. 이제는 십자가의 용서가 없는 '다시 사는 삶'은 존재하지 않음을 깊이 깨우치고 날마다 십자가를 찾아 붙들고 참회함으로 용서받고, 새 생명을 얻어 부활을 체험하게 하여 주시옵소서.

38 죄의식 실종

최근에 교회에 다니는 많은 사람들이 죄의식이 별로 없어 마치 성경 없는 교인, 성경 없는 교회 같이 되어 사회에 물의를 일으키고 하나님을 욕되게 하며 살고 있습니다. 이를 참회하오니 용서하여 주시옵소서.

성경은 "육체의 일은 분명하니 곧 음행과 더러운 것과 호색과 우상숭배와 주술과 원수 맺는 것과 분쟁과 시기와 분냄과 당 짓는 것과 분열함과 이단과 투기와 술 취함과 방탕함과 또 그와 같은 것들이라 전에 너희에게 경계한 것같이 경계하노니 이런 일을 하는 자들은 하나님의 나라를 유업으로 받지 못할 것이요"(갈 5:19-21)라고 말씀하고 계십니다.

사랑의 하나님,
저들에게 주님을 사모하며 환영하고 영접하는 귀한 마음을 품게 하여 주시옵소서. 저들이 참으로 회개하여 그리스도의 영이 충만하게 하사, 미혹의 영에서 벗어나 하나님의 성결한 백성이 되게 하여 주시옵소서. 그리하여 믿음으로 행하지 아니하는 모든 것이 다 죄임을 깨닫고(롬 14:23), 이제는 죄의식을 가지고 날마다 피눈물 흘려 회개함으로 자신들의 정체성이 하나님의 자녀임을 각성하고, 말씀과 성령 안에서 주님과 동행하며 성결하게 살게 하여 주시옵소서.

39 외식주의

저희들의 외식주의를 참회하며 기도합니다.
저희들은 종종 자복하고 회개합니다. 그런데 왜 변화가 일어나지 않고 있습니까?
주님,
외식주의적인 회개로 일관했기 때문이라고 생각합니다.

성경은 "화 있을진저 외식하는 서기관들과 바리새인들이여, 너희가 박하와 회향과 근채의 십일조는 드리되 율법의 더 중한 바 정의와 긍휼과 믿음은 버렸도다 그러나 이것도 행하고 저것도 버리지 말아야 할지니라"(마 23:23)고 말씀하셨습니다.

  봉사도 열심히 하고 헌금도 정성껏 했습니다만 정작 중요한 참회는 하지 못하고, 겉만 그럴 듯하게 회개를 반복해 왔음을 솔직히 시인하지 아니할 수 없습니다.

  하나님,

  이와 같이 자멸을 자초하는 어리석은 외식주의를 탈피하여 눈물을 머금고 진정으로 영혼 깊은 곳에서부터 우러나오는 통곡의 참회기도가 터져 나와 새 사람, 새 교회가 되게 하여 주시옵소서.

40   형식주의 신앙

  저희들의 습관화되고 몸에 밴 형식주의 신앙을 참회하고 기도합니다.

  사도 바울은 찬송하고 기도할 때에 감옥 문이 열리고, 착고가 풀리며, 간수장이 참회하는 기적이 일어났습니다(행 16:21-33). 저희들에게는 왜 날마다 기적이 일어나지 않습니까?

하나님 아버지,

왜 복음의 능력이 나타나지 않고, 한국교회는 세상으로부터 외면을 당하고 있습니까? 하나님을 진정으로 경외하지 아니하고 대부분 복음의 순수성을 잃어버렸기 때문이라고 생각합니다. 형식주의적으로 예수님을 믿고 있기 때문입니다. 가슴 찢어 참회하오니 용서하여 주시옵소서.

용서함을 받고 성령을 충만히 선물로 받아(행 2:38), 성령의 인도하심에 따라 형식주의 신앙을 벗어 버리고, 초대교회의 사도들처럼 복음주의 신앙으로 무장하게 하여 주시옵소서.

그리하여 삶의 현장에서 성경의 말씀대로 예수님의 이름으로 귀신을 쫓아내며, 새 방언을 말하며, 뱀을 집어 올리며, 무슨 독을 마실지라도 해를 받지 아니하고, 손을 얹은즉 나음을 얻는 기사와 이적과 기적을 발하는 사도들이 될 수 있도록 지혜와 권능을 부어 주시옵소서(막 16:17-18).

그리함으로 삶의 현장에서 실제적으로 실행할 수 있는 산 믿음과 사도적인 권능을 갖도록 역사하여 주시옵소서.

41 하나님과 불화하다

저희들이 하나님과 화목하지 못하고 오히려 거꾸로 불화하고 있음에도 이를 철저히 깨닫지 못하고 있음을 참회하고 기도합니다.

불화의 결과가 초래할 참혹한 상황에 대해 무감각할 정도로 무지몽매합니다.

기도하고 있는데 왜 분열과 시기와 원망이 가득하고(갈 5:19-21), 진정한 사랑의 열매가 없고 결단이 없습니까? 죄가 있어도 참회하지 않아 사랑의 하나님과 화목하지 못하고 소통하지 못하고 있기 때문이라고 생각합니다. 이제라도 간절히 참회하오니 이를 용서하여 주시옵소서.

성경은 "너는 하나님과 화목하고 평안하라 그리하면 복이 네게 임하리라"(욥 22:21)고 말씀하고 계십니다.

사랑의 성령을 더욱 충만히 부어주시어 하나님과 화평하게 하시고, 사랑의 열매와 평화가 한국교회와 우리 모두에게 충만하게 하여 주시옵소서.

42 진정한 교제가 실종되고

언젠가부터 교우들 간에 진정한 교제가 실종되고 있는데, 이는 오늘날 교회의 부인할 수 없는 현실이 되었습니다. 저희들에게 사랑이 없음을 참회하고 기도합니다.

성경은 "우리는 형제를 사랑함으로 사망에서 옮겨 생명으로 들어간 줄을 알거니와 사랑하지 아니하는 자는 사망에 머물러 있느니라"(요일 3:14)고 말씀하고 계십니다.

주여,
교회 내에 친구가 7명만 있어도 교회를 떠나지 않는다고 합니다. 그런데 왜 한국교회가 더 이상 부흥을 못하고 쇠퇴하고 있습니까? 다른 이유도 있겠지만, 그 중에 하나는 교회 내에 진정한 사랑과 교제가 사라져 가고 있기 때문이라고 생각합니다. 왜 사랑하지 못하고 있습니까? 아마도 사랑의 성령을 받지 못한 이유도 있겠지만, 하나님께서 이웃을 자기의 형상으로 친히 지으셨고, 또 사랑하고 계시다는 사실을 우리들이 망각하고 있기 때문이라고 생각합니다.

아무쪼록 성령 충만하여 하나님께서는 성도들의 오장육부를 직접 지으셨고 사랑하고 계시다는 사실과, 그래서 피 흘리시며 예수님께서 지금도 그들과 함께 옆에 서 계시다는 사실을 꿈에도 잊지 않게 하여 주옵소서. 진심에서 우러나오는 사랑의 교제가 교회 내에 불같이 일어나게 역사하여 주시옵소서. 저희들을 사랑하심같이 그들도 하나님께서 사랑하고 계심을 마음속 깊이 깨닫고, 죽기까지 저희를 사랑하신 그 큰 사랑을 생각하며 성도들을 뜨겁게 사랑하게 하여 주시옵소서. 그리하여 불같은 사랑의 교제가 충만한 교회가 되게 하여 주시옵소서.

43 형제를 찔러

하나님께서는 항상 화평하라고 하셨지만 저희들은 사랑이 없어 형제를 입으로 찌르고, 눈으로 찌르며, 손가락으로 찌르고 살아온 잘못을 참회하고 기도합니다.

예수님께서는 산상수훈에서 "화평하게 하는 자는 복이 있나니 그들이 하나님의 아들이라 일컬음을 받을 것임이요"(마 5:9)라고 말씀하셨지만, 화평하기는커녕 형제를 찌르고 넘어지게 하는 데 입과 눈과 손가락이 빨랐습니다.

이를 진심으로 참회하오니 용서하여 주시옵소서. 우리 모두 성령을 선물로 받아 진리를 깨닫고, 죄의 종에서 자유함을 얻고, 성령의 강권하심을 따라 화평하게 하는 자가 되어 하나님의 귀하고 복된 자녀가 되게 하여 주시옵소서.

44 우상숭배

여호와 하나님,

한국교회는 금권제일주의, 권력지상주의, 명예최고주의 등 우상숭배가 팽배해 있습니다. 이를 깊이 참회하고 기도합니다.

이와 같이 탐욕주의의 노예가 되었고 마귀의 올가미에 단단히 걸려 있습니다. 그러므로 민족 복음화와 세계선교의 소명을 다해야 할 선교 2세기를 앞두고, 한국교회가 유럽교회들처럼 사탄에 의해 병들어 죽을 절대 위기를 맞고 있습니다.

성경은 "그러나 두려워하는 자들과 믿지 아니하는 자들과 흉악한 자들과 살인자들과 음행하는 자들과 점술가들과 우상숭배자들과 거짓말하는 모든 자들은 불과 유황으로 타는 못에 던져지리니 이것이 둘째 사망이라"(계 21:8)고 말씀하고 계십니다.

하나님,

나라와 민족의 흥망성쇠를 주장하시고 인간의 생사화복을 주관하시는 하나님의 말씀을 거역하고 우상숭배에 빠져 어떻게 저희들과 한국교회가 살아남을 수 있겠습니까?

심히 연약하므로 금식하고 참회하오니 용서하여 주시옵소서. 사탄의 올가미에서 건져주시옵소서. 우상숭배를 철폐하고 이제부터는 우리 모두가 자기를 부인하고 자기 십자가를 지고 예수님 제일주의로 살게 하여 주시옵소서.

45 종교다원주의

일부 목회자들은 안타까운 일이지만 종교다원주의에 매몰되어 있습니다. 잘못된 길을 가고 있는 그들을 위해 간구하며, 그들을 위해 중보기도하지 않은 저희들의 허물을 참회합니다.

살아 계신 하나님!

오직 예수 그리스도만이 하나님의 아들이요, 진리이신 구세주임을 믿어야 마땅함에도 불구하고 다른 종교에도 구원이 있다는 저들이 이제라도 비성서적인 행태를 참회하고 기도하게 하여 주시옵소서.

성경은 "이스라엘의 왕인 여호와, 이스라엘의 구원자인 만군의 여호와가 이같이 말하노라 나는 처음이요 나는 마지막이라 나 외에는 다른 신이 없느니라"(사 44:6)고 말씀하셨습니다.

또 성경은 "하나님이 세상을 이처럼 사랑하사 독생자를 주셨으니 이는 그를 믿는 자마다 멸망하지 않고 영생을 얻게 하려 하심이라"(요 3:16:)고 하시고, 이어서 "네가 만일 네 입으로 예수를 주로 시인하며 또 하나님께서 그를 죽은 자 가운데서 살리신 것을 네 마음에 믿으면 구원을 받으리라"(롬 10:9)고 말씀하셨습니다.

주님!
이처럼 구세주이신 예수 그리스도를 믿어야 구원을 받을 수 있다고 분명히 성경에 말씀하고 있음에도 불구하고, 종교다원주의자들은 현대의 세속화된 사회에서 종교는 더 이상 과거와 같은 독점적이고, 배타적인 권위를 누리지 못하며, 종교가 정치·경제·도덕·교육·사상·예술 등 삶의 각 분야를 주도하던 시대는 완전히 지나갔다고 주장하고 있습니다.

종교다원주의 신학자 존 힉(John Hich)은 "인간의 역사 속에는 서로 다른 종교적 전통이 탄생할 수 있는 창조적이면서도 종교적인 위대한 '모멘트'의 물결이 있다. 신학적으로 말하면 절대자의 은총, 절대자의 이시어티브, 절대자의 진실성이 인간의 신앙, 인간의 응답, 인간의 계몽과 교차하는 모멘트의 물결이 있다. 그리고 이러한 모멘트는 인간생활의 흐름에 결정적인 영향을 주고, 더 나아가서는 인간문화 전체의 발전에도 큰 영향을 주며, 이것이 바로 오늘날 우리가 기독교, 이슬람교, 힌두교 등으로 부르고 있는 모든 종교를 '역사적-문화적 현상'(historical-cultural phenomena)으로 설명할 수 있는 계기가 된다"고 말하고 있습니다.

진리이신 예수님!
그는 모든 종교는 문화적 산물이므로 특정 종교의 절대성은 결코 불가능하다고 주장했습니다. 마치 하나의 문명이 참된 문명이라거나, 거짓된 문명이라고 표현할 수 없는 것같이, 하나의 종교가 참되다거나 거짓된 것이라고 말할 수 없다는 결론이 나온다고 말하고 있습니다. 종교다원주의는 신학적으로 기독교

밖의 구원을 말한 폴 틸리히, 존 캅, 천주교의 칼 라너, 한 스큉 등의 신학에서 많은 영향을 받았습니다.

재판관이신 주님!
이것은 전통적인 구원론인 교회 밖에는 구원이 없다는 신학을 정면으로 부인하는 것입니다. 그들은 모든 종교가 말하는 신들(회교의 알라, 유대교의 야훼, 힌두교의 브라만, 불교의 부다, 유교의 상제)은 궁극적으로 동일한 신(神)임을 역설하고 있습니다.

그러나 성경은 하나님의 영감으로 된 말씀으로 우리들은 신앙과 행위의 규범이라 믿습니다. 이런 점에서 성경은 기독교의 기초가 됩니다. 그러나 다원주의는 성경의 가르침을 신화로 해석함으로 인간행위의 규범이 됨을 거부합니다.

여호와 하나님!
다원주의는 성경의 영감과 권위를 무시함으로 우리들의 신앙의 근거가 되는 기초를 제거하게 됩니다. 이 시대는 물론 절대를 거부하는 상대주의 시대이지만, 신앙의 진리를 상대화할 때 모든 것은 상대화되어, 인류가 따르고 복종하며 충성할 진리나 신은 그 빛을 발광하는 데 잠시나마 방해를 받지 않겠습니까?

또 다른 종교다원주의자 폴 니터(Paul Knitter)는 다원주의라는 개념에는 단순히 많은 종교들이 공존하는 것이 아니라, 서로를 인정하고 만나는 가운데 다원화가 가능하다고 역설했습니다.

이상으로 종교다원주의 개념은 현대사회가 종교와 문화 등 모든 분야가 다원화 사회이므로 모든 종교는 평화적으로 공존해야 하며, 어느 특정 종교가 배타적 자세에서 절대성을 주장해서는 안 된다는 것입니다. 또한 종교는 현대인들에게 개인의 자유로운 선택이 되었으며, 더 이상 사람들의 집단적 정체성이나 도덕의 보루가 아니라고 주장합니다.

성령 하나님!

심지어 그들은 탈종교시대의 영성은 종교 간의 경계를 자유롭게 넘나들면서 인간의 순수한 종교적 관심과 영적 갈망을 충족하는 종교다원주의적 영성이어야 하며, 종교와 비종교의 장벽마저 초월하는 비종교적 종교이어야 한다고까지 말하고 있습니다.

그들의 주장은 이와 같이 논리적 모순과 궤변을 담고 있습니다. 이 같은 그들의 주장은 초월적인 하나님의 존재를 무시하고, 거룩한 그리스도의 영성을 모독하며, 초보단계인 인본주의적 발상에서 기인한 것임을 알 수 있는 것입니다.

한편, 어떤 개신교 신학자들은 천주교는 기독교가 아니라고 주장합니다. 오직 예수 그리스도를 유일한 구세주로 믿어야 마땅한데, 그의 어머니 마리아를 그리스도와 동일시하고 신성시하고 있다는 데 그 원인이 있음을 알 수 있습니다.

천주교가 개신교보다 타종교나 다원주의에 대한 접근성이 더 크다는 것은 천주교의 역사나 교리를 보면 알 수 있습니다.

그에 대한 예로 첫째, 1854년 교황 비오 9세(Pius IX)는 마리아의 '무죄 잉태설'을 선포했으며, 교서 508조는 마리아는 잉태되는 순간부터 원죄(아담)에서 완전히 보호되고 일생동안 본죄(本罪, Natural Sin)에 물들지 않았다고 기록하고 있습니다.

둘째, 교황 비오 12세(Pius XII, 1876-1957)는 1950년 11월 1일 '마리아의 승천설'을 선언하였습니다. 즉 "우리는 그녀의 지상생애(earthly life) 후에 몸과 영혼이 하늘의 영광으로 올리움을 받은 것을 선언 선포 정의한다"고 말하였습니다. 천주교에서는 8월 15일을 마리아가 승천한 날로 정하고 그날에 미사를 드리고 있습니다.

그런데 성경은 "하늘에서 내려온 자 곧 인자 외에는 하늘에

올라간 자가 없느니라"(요 3:13)고 말씀하고 있으므로 마리아 승천설은 비성경적임을 알 수 있습니다.

셋째, 제2차 바티칸 공의회 헌장 제 66장에 '마리아 보호설'을 포함시켰던 데서 볼 수 있습니다. 즉 "복되신 동정녀께서는 '천주의 성모'라는 칭호로 공경을 받으시고, 신자들은 온갖 곤경 속에서 그분의 보호 아래로 달려가 도움을 간청한다"고 말하고 있습니다. 실제로 교황 요한 바울 2세는 피격 후에 성모 마리아가 자기 목숨을 보호해 주었다고 고백하였습니다.

하나님 아버지!
천주교는 이같이 예수 그리스도가 유일한 구세주임을 부인함으로써 하나님과 교통하지 못하고, 이방종교를 인정하고 종교다원주의로 가는 통로가 된 것으로 생각할 수밖에 없지 않습니까?
예수님께서는 "내가 곧 길이요 진리요 생명이니 나로 말미암지 않고는 아버지께로 올 자가 없느니라"(요 14:6)고 말씀하셨기 때문입니다.
또한 천주교는 진리가 되시고 생명이 되시는 그리스도를 유일한 구세주로 믿고, 회개하며 순종하지 아니함으로 성령세례를 받지 못하고(행 2:38; 5:32), 예수 그리스도의 정체성을 제대로 깨닫지 못함으로 예수님의 어머니 마리아를 우상숭배(실제로 성당의 뜰에는 마리아의 동상들이 세워져 있음)하는 커다란 오류를 범하고 있다고 생각됩니다.

사랑의 하나님!

예수님이 유일한 구세주(그리스도)임을 부인하는 종교다원주의자들을 불쌍히 여기시고, 그들의 죄악과 허물을 십자가 보혈로 깨끗이 씻어주시고 용서하여 주시옵소서! 그리하여 하나님의 백성으로 구원 받게 하여 주시고, 이제는 예수님만이 유일한 구세주이심을 입으로 시인하고, 피눈물 흘려 깊이 참회함으로 성령세례를 받아(행 2:38) 진리이신 유일한 구세주, 예수 그리스도를 깨닫고, 영적 방황을 청산하며, 성경으로, 주님께로 완전히 돌아오게 하여 주시옵소서! 그들도 순수복음주의자들이 다 되어 영생의 복락을 누리는 천국 백성들이 되게 하여 주시옵기를 간절히 소원하고 울며 기도합니다.

참고문헌

《종교다원주의와 타종교 선교전략》 증보개정판, 전호진 개혁주의산행협회.

《종교다원주의와 영성》 새길기독사회문화원편.

《가톨릭교회 교리서 비평》 조영엽 박사 저, CLC.

《하느님의 구원계획과 성인들의 통공(일치)안에서의 마리아》(돔베스 그룹 지음, 유봉준 옮김).

46 신사참배와 창씨개명

일본제국주의 식민지 압제 아래에서 한국교회의 많은 성직자들과 평신도들이 대부분 강압에 의하여 신사참배와 창씨개명을 하였습니다. 이와 같이 결국 우상을 숭배하게 된 것입니다. 이를 진실로 회개하며 간구합니다.

당시의 주요 기독교 인사들은 105인 사건 등에서 밝혀진 참혹한 고문과 박해로 인해 대부분 일제의 한반도 침탈 정책에 강제로 응하게 되었고, 젊은이들은 그들의 침략전쟁인 태평양 전쟁터로 내몰렸던 것입니다.

성경은 "사람이 마음으로 믿어 의에 이르고 입으로 시인하여 구원에 이르느니라 성경에 이르되 누구든지 그를 믿는 자는 부끄러움을 당하지 아니하리라"(롬 10:10-11)고 말씀하셨습니다. 당시 한국교회는 장기간에 걸친 잔악한 식민통치로 희망과 용기를 잃고 절대절망 가운데서 대부분 신사참배를 함으로 결국은 베드로처럼 하나님을 부인하게 되었던 것입니다.

　유일하신 하나님,
　이같이 우상에게 절을 한 한국교회를 용서하여 주시옵소서. 오늘을 사는 저희들은 선조들의 잘못된 전철을 밟지 않도록 도와주심으로, 어떤 환경과 악조건 아래에서도 비록 어렵지만 날마다 입으로 예수는 그리스도(구세주)임을 시인하게 하여 주옵소서. 주님을 굳게 믿음으로 우상에게 절하지 않게 하시고, 신앙의 지조를 끝까지 지켜 부끄러움을 당하지 않도록 인도하여 주시옵소서.

나
탐욕과
부패

47 성직자도 타락하다

한국교회 내에 타락한 성직자들이 적지 않습니다. 그래서 세상으로부터 교회가 외면을 당하고 있습니다. 이분들을 위해 참회하고 기도하오니 용서하여 주시옵소서.

교회는 목회자들의 수준 이상으로 성장하고 발전할 수 없습니다. 한국교회는 목회자 중심의 교회이기 때문입니다. 그러므로 현재 한국교회의 영적타락은 목회자들의 책임이 매우 큽니다. 세상이 한국교회의 부정부패를 질타하고 있지 않습니까?
개혁하시는 하나님!
많은 목회자들이 먼저 베드로처럼 심한 통곡과 눈물로, 바울처럼 죄인 중의 괴수라며 고백하고 몸부림치며 처절하게 회개하게 하여 주심으로 성령을 다시 충만히 받아(행 2:38), 탐욕의 올가미, 곧 마귀의 사슬에서 벗어나게 하여 주시옵소서. 예수님처럼 땀방울이 핏방울이 되도록 매일 기도함으로 영성을 다시 회복하여 탁월한 영성가로 거듭나게 하여 주시옵소서.

위와 같이 자신의 깊은 참회를 통하여 자기 개혁을 확실히 함으로써 베드로와 바울과 존 웨슬리처럼 교회를 살리고 나라와 민족을 살리는 거룩하고 경건한 새 역사 창조의 새 주인공이 되게 하여 주시옵소서.

48 담임목사직 세습주의

많은 대형교회들이 담임목사직을 세습하여 원로목회자의 아들이 담임목사직을 독식하여 교회 사유화가 눈앞에 펼쳐지고 있습니다. 차세대에까지 대물림이 계속되어 교회의 사유화는 고착화될 것입니다. 이런 현상들 때문에 교회의 화합이 깨뜨려져 성도들은 교회를 불신하고 떠나고 있는 형편입니다. 이런 잘못을 참회하오니 용서하여 주시옵소서.

이 같은 성직세습주의 행태가 언론에 크게 보도되어 한국교회 위상 추락의 주범이 되었고, 교회는 세상으로부터 버림을 당하고 있으며, 이로 인해 한국교회는 심각한 침체기에 들어가 있습니다.

주님,

이런 현상은 부흥의 동력인 성령이 이미 교회를 떠났다는 증거가 아니겠습니까?

세습주의자, 곧 대물림을 한 그 사람들을 제외한 모든 신학자들과 목회자들이 세습을 반대하고 있음에도 그들은 독선적인 자기합리화와 합법을 가장한 교회권력으로 성직세습을 강행하여 교회의 민주적 질서를 파괴하고, 하나님의 공의를 저버리며, 주님을 욕되게 하면서도 부끄러움을 모르고 있습니다.

만군의 여호와시여,

시스템이나 교회법이 아무리 바뀌어도 본질상 사람이 변해야지 그렇지 아니하면 아무런 소용이 없지 않습니까? 그러므로 세습주의자들, 원로목회자들과 그 아들 목회자들이 다윗과 베드로처럼 심히 통곡하고 참회하게 하여 주시옵소서.

자신들의 참된 회개를 통하여 자기개혁을 이루게 하여 주시옵소서. 신뢰와 명예를 회복하게 하여 주시옵고, 성전을 성결하게 씻어 주시고, 교회의 정상화가 시급히 이루어지게 하여 주시옵소서.

그리하여 교회가 하나님께 칭찬을 듣고, 세상으로부터 존경을 받게 하여 주시옵기를 간절히 소원하며 기도합니다.

49 담임목사직 매매

한국교회 내에서 발생하고 있는 성직매매 행태를 참회하고 기도합니다.

언론보도에 의하면 어느 젊은 목회자는 "최근 한국교회에 만연한 담임목사직 매매 행위에 대해 교역자의 한 사람으로서 책임을 통감하고 교회에는 자성을, 사회에는 용서를 구하는 마음으로 직분을 반납한다"고 하면서,

"현재 교회는 담임목사 승계 시 돈을 주고받는 '매매 실태'에 대해 부끄럽거나 창피한 일이라는 인식조차 없을 정도"라고 개탄했습니다(기독교 타임즈, 2011. 6. 25 4면 참조).

거룩하신 하나님,

성스러운 성직을 물건처럼 사고파는 현실을 보시고 얼마나 슬퍼하고 계십니까? 마지막 심판 때에 하나님의 무서운 진노를 생각하면 심히 떨리고 두렵습니다. 한국교회의 이러한 추한 모습을 참회하오니 용서하여 주시옵소서.

그리고 상업주의에 매몰되어 가는 한국교회를 건져내어 주시고 성령이 강력히 통치하시는 거룩한 교회가 되게 하여 주시옵소서.

50 사리사욕

적지 않은 정치적인 목회자들과 중직자들의 사리사욕, 그리고 이를 방조한 일반 교우들의 무관심 등 모든 허물을 참회할 수 있도록 성령님 도와주시옵소서.

성경은 "그가(성령) 와서 죄에 대하여 의에 대하여 심판에 대하여 세상을 책망하시리라"(요 16:8)고 말씀하고 계십니다.

이 말씀처럼 성령께서 저희들의 사리사욕과 무관심 등 잘못을 철저히 깨닫고 하나님께서 진노하시기 전에 참회의 눈물을 흘리게 하여 주시옵소서.

사리사욕에 눈이 먼 사람들이 크게 돌이켜 자기를 부인하고 새 사람이 되어 주님만을 따라가는 그리스도의 참제자가 되게 하여 주시옵소서.

영적 대각성을 통하여 새 역사 창조의 새 일꾼들이 되게 하여 주시옵소서.

51 가짜 신학박사

성경불감증에 걸려 중병을 앓고 있는 한국교회를 위해 눈물 뿌려 참회하고 간구합니다.

심판하시는 하나님,

언론 보도에 의하면 이화여대 기독교학부 장윤재 교수는 현재 한국에는 가짜 미국박사학위 소지자가 968명이 있는데, 이 중에 무려 45%가 가짜 신학박사라고 한국기독교교회협의회(NCCK)가 개최한 선교정책협의회(2011. 2. 24-25)의 주제 강연에서 발표했습니다.

성경불감증도 말기증상을 보이고 있습니다. 성경은 "그러나 성령이 밝히 말씀하시기를 후일에 어떤 사람들이 믿음에서 떠나, 미혹하는 영과 귀신의 가르침을 따르리라 하셨으니 자기 양심이 화인을 맞아서 외식함으로 거짓말하는 자들이라"(딤전 4:1-2)고 말씀하고 있습니다.

주여,

하나님의 영광보다는 자신의 거짓된 영광을 내세우기를 더욱 기뻐하는 가짜 신학박사들을 불쌍히 여겨 주시옵소서. 물론 그들이 큰 문젯거리이지만 그들이 등장할 수 있게끔 만드는 한국교회의 잘못된 영적 토양이 더 심각한 문제라고 생각됩니다.

탄식하시는 성령이여,

병든 영적 토양을 완전히 바꾸어 옥토가 되게 하여 주시옵소서. 앞으로 더 이상 그들이 등장하지 못하도록 건강한 토양으로 고쳐주시옵소서.

이제는 그들이 하나님께 참회하고 사도 바울처럼 모든 것을 내려놓고, 배설물처럼 버리며, 하나님께로 돌아오게 역사하여 주시옵소서.

52 성전을 강도의 소굴로

거룩한 성전을 강도의 소굴로 만들고 있는 한국교회의 죄악을 눈물로 참회하며 기도합니다.

예수님은 "너희는 먼저 그의 나라와 그의 의를 구하라 그리하면 이 모든 것을 너희에게 더하시리라"(마 6:33)고 말씀하고 계십니다. 그런데 성전에서 비둘기를 매매하는 사람들을 보시고 진노하시며 하신 말씀이 "하나님의 성전을 강도의 소굴로 만들지 말라"(막 11:15-17)였습니다.

오늘날도 교회에서 자신의 이득을 위해 교회를 팔고, 예수님을 파는 사람들이 적지 않습니다.

마지막 때 심판하시는 무시무시한 하나님이시여!

성전을 강도의 소굴로 만들고 있는 자들의 범죄함을 통곡하며 참회하게 하여 주시옵소서. 성령을 선물로 충만하게 부어주시어 이제는 하나님의 영광만을 위하여 충성하는 신실한 교역자들과 성도들이 되게 하여 주시옵기를 간절히 소원하며 기도합니다.

53 교권 쟁탈주의

한국교회는 대부분의 교단마다 교권 쟁탈을 위해 수단과 방법을 가리지 않고 진흙탕 속 싸움을 계속 하고 있습니다. 갖은 탈법과 부정선거가 횡행하고 있습니다. 이들의 죄악을 참회하오니 용서하여 주시옵소서.

오늘날 많은 한국교회는 금권선거, 이기적 파벌주의, 교회 사유화, 교권쟁탈주의 등으로 '그리스도가 없는 공동체'로 추락하고 말았습니다.

성경은 "의에 주리고 목마른 자는 복이 있나니 그들이 배부를 것임이요"(마 5:6)라고 말씀하셨지만, 지금 한국교회는 많은 사람들이 의에 주리기는커녕 악에 주리고 자신의 이익을 위해 예수님을 싼 값에 파는 장사꾼이 된 지 이미 오래되었습니다.

사랑의 주님,

죽을 수밖에 없는 범죄함을 참회하오니 용서하여 주시옵소서. 이제는 자괴감과 함께 죄악을 깨닫고 주님께 대한 첫사랑을 기억하고, 말씀을 사모하여 이를 붙들고 간절히 참회함으로 말씀에 붙잡혀 세상의 유혹을 이기고, 돌이켜 우리 모두 세상의 영광보다는 하나님의 영광을 위하여 탐욕을 버리고 다시 살 것을 결단하는 새 사람, 새 교회가 되게 하여 주시옵소서.

54 고소 고발을 남발하다

지금 한국교회는 대부분의 교단들에서 고소 고발 사건이 난무하고 있습니다. 문제를 먼저 하나님께 자세히 여쭈어 보지도 아니하고 서둘러 세상 법정에 들고 가 거룩한 해결사이신 하나님을 모욕하고 있습니다.

주님,
이를 참회하오니 용서하여 주시옵소서.
성경은 "부당하게 고난을 받아도 하나님을 생각함으로 슬픔을 참으면 이는 아름다우나 죄가 있어 매를 맞고 참으면 무슨 칭찬이 있으리요 그러나 선을 행함으로 고난을 받고 참으면 이는 하나님 앞에 아름다우니라 이를 위해 너희가 부르심을 받았으니 그리스도도 너희를 위하여 고난을 받으사 너희에게 본을 끼쳐 그 자취를 따라오게 하려 하셨느니라"(벧전 2:19-21)고 말씀하십니다. 또 "아무에게도 악을 악으로 갚지 말고 모든 사람 앞에서 선한 일을 도모하라 할 수 있거든 너희로서는 모든 사람과 더불어 화목하라"(롬 12:17-18)고 말씀하셨습니다.

호크마(지혜)의 하나님,

그러나 한편으로 생각해 보면 고소 고발 사건의 당사자들은 얼마나 괴로우면 그렇게 했겠습니까? 힘들어 하는 그들을 위로해 주시옵소서.

형제들에 의해 노예로 팔려갔음에도 불구하고 살아 계신 하나님을 진심으로 경외함으로 할 수 있는 대로 악을 선으로 갚은 요셉 같은 지혜와 용서와 사랑과 용기의 사람들이 되게 인도하여 주시옵소서. 이로 인하여 한국교회를 잠잠케 하여 주시옵고, 모든 사람과 더불어 화목하라는 말씀에 어렵지만 순종하여 성령을 선물로 받아(행 5:32) 의와 희락과 평안이 넘치는 천국 백성들이 되게 하여 주시옵소서.

55 음주와 성문란

일반 평신도들은 물론 목회자들 가운데서도 음주와 성문란 행위가 공공연하게 행해지고 있음을 탄식하며 참회합니다.

성경은 "그것(술)이 마침내 뱀 같이 물 것이요 독사 같이 쏠 것이며"(잠 23:32) 또 "어떤 사람들이 음행하다가 하루에 이만 삼천 명이 죽었나니 우리는 그들과 같이 음행하지 말자"(고전 10:8) 라고 경고하고 있습니다.

주여,

사생활이 문란한 그리스도인들을 용서하여 주시옵고, 그들을 살려주시옵기를 빌고 원합니다. 한국교회 내에서 음란의 영을 성령의 불로 소멸시켜 주시옵소서.

성령이시여!

목회자들이나 평신도들에게 음주와 음란한 생각을 가져다 주는 악한 마귀(악령)로부터 그들을 해방시켜 주시옵고, 거룩성을 회복시켜, 맡겨 주신 소명을 성결하게, 치열하게 수행할 수 있도록 역사하여 주시옵소서!

56 부정부패

한국교회는 오늘날 경제적으로 부요한 교회가 되었지만 영적으로는 타락한 교회가 되어 하나님의 영광을 가리고, 세상으로부터 점점 기피의 대상이 되어 가고 있습니다.

여호와 하나님,

저희들의 죽을 수밖에 없는 죄악을 참회하오니 용서하여 주시옵소서.

성경은 "너희도 만일 회개하지 아니하면 다 이와 같이 망하리라"(눅 13:3)고 말씀하고 계십니다.

그런데 많은 한국교회는 지금 돈, 권력, 명예욕 때문에 중병을 앓고 있어 희망이 없다는 탄식이 여기저기서 터져 나오고 있습니다. 왜냐하면 성직매매, 교회 사유화, 금품 매수, 이기적 파벌주의, 인맥과 학연주의, 금권제일주의, 교권쟁탈주의, 고소고발주의, 가짜 신학박사 양산, 수단방법불문주의, 성문란 등 부정과 비리가 충만하여 자정능력을 상실했기 때문입니다.

그래서 감신대 이원규 교수(종교사회학)는 한국교회를 가리켜 '암 말기'라고 진단하고 있습니다.

이 같은 절체절명의 위기사태를 극복하고 명예를 회복하며 한국교회가 살 길은 오직 다윗과 요나와 베드로처럼 울부짖어 자신의 죄악을 참회하고 자기 개혁을 실현하는 길밖에 없음을 성경은 증거하고 있습니다.

주여,

이 땅의 많은 목회자들과 평신도 지도자들과 교회가 땀방울이 핏방울이 되도록 기도하며 참회하게 하여 주시옵소서. 이렇게 함으로써 추락한 많은 한국교회가 완전히 회복되어 새 생명을 얻고, 다시 사는 부활을 체험하고, 거룩한 새 교회가 되게 하여 주시옵소서.

다
교회의 본질을 망각하다

57 물질적 세속주의

진리의 영이신 하나님!

한국교회에 물질적 세속주의가 팽배함으로 이를 진실로 참회하고 기도합니다.

교회사에 그 유례가 없을 정도로 한국교회가 짧은 기간에 급속도로 발전하면서 신본주의가 지배하는 교회가 되어야 함에도 불구하고, 자본주의 경제 논리가 지배하는 교회로 전락하여 각종 부정과 비리가 넘쳐나고, 교회 내에 많이 가진 자와 적게 가진 자 간의 계급화가 진행되고 있으며, 물질만능주의 현상이 교회 내의 중직자 피택에도 반영되고 있음을 부인할 수 없게끔 되었습니다. 이런 인식이 한국교회 내에 오래 전부터 일반화되고 있습니다.

여호와 하나님,

이로 인한 반목과 불신을 해소시켜 주시고, 사회적 신분의 고하나 물질의 다소를 막론하고 말씀과 성령 안에서 모두 평등하게 섬기며 사랑하게 하여 주시옵소서.

주여,

지금까지 한국교회가 입으로는 '오직 예수님'이라고 하면서도 실제로는 세상 풍조에 따라 물질제일주의에 치중해왔습니다. 이는 엄연한 우상숭배입니다. 이를 철폐하여 주시옵소서. 우상숭배를 자복하고 참회하오니 용서하여 주시옵소서.

성경은 "살리는 것은 영이니 육은 무익하니라 내가 너희에게 이른 말은 영이요 생명이라"(요 6:63)고 하셨습니다.

앞으로 한국교회가 깊이 회개함으로 물질적 세속주의를 극복하고 신본주의적인 바른 교회가 될 수 있도록 하나님의 성령이 통치하는 '성령교회'가 되게 하여 주시기를 간절히 기도합니다.

58 참회를 안 가르쳐

참회할 줄 모르는 한국교회와 참회를 가르치지 않는 한국교회의 형식주의적인 교육 행태를 두고 참회하고 기도합니다.

성경은 "베드로가 이르되 너희가 회개하여 각각 예수 그리스도의 이름으로 세례를 받고 죄사함(용서함)을 받으라 그리하면 성령의 선물을 받으리니"(행 2:38)라고 하시며, 또 "우리는 이 일에 증인이요 하나님이 자기에게 순종하는 사람들에게 주신 성령도 그러하니라"(행 5:32)고 말씀하고 있습니다.

주님,
말씀에 따르면 믿음으로 회개하고 순종하면 성령을 선물로 주시겠다고 약속하셨는데, 한국교회는 극히 일부를 제외하고는 회개를 듣기 싫어하는 교인들이 있다는 이유로 참회에 대하여 적극적이며 체계적으로 가르치는 교회가 별로 없습니다.
참된 회개에 대하여 제대로 가르쳤다면, 왜 지난 100년 동안 한국교회가 참회하는 것을 실패했겠습니까?

사랑의 하나님,

한국교회의 형식주의적인 신앙 교육을 이제라도 진심으로 회개할 수 있도록 역사하여 주시옵소서.

깊은 회개를 통해 성령을 받아야만(행 2:38) 성령의 9가지 열매, 곧 사랑과 희락과 화평과 오래 참음과 자비와 양선과 충성과 온유와 절제 등의 열매를 맺을 수 있으며(갈 5:22-23), 또한 성령의 9가지 은사, 곧 지혜와 지식의 은사, 병 고치는 은사, 능력행함, 예언, 영들 분별, 각종 방언과 방언을 통역하는 은사들을 받을 수 있지 않습니까?(고전 12:7-10)

지혜와 계시의 하나님이시여!

구원의 첫째 조건이 회개이며, 성령의 9가지 은사의 조건이 바로 참회이고, 뿐만 아니라 교회 부흥도 참된 회개를 통한 성령의 역사로 가능한 것인데, 이처럼 가장 중요한 신앙의 주제에 대해서 한국교회가 너무나 둔감합니다. 저희들의 죄와 허물을 참회하오니 용서하여 주시옵소서.

앞으로는 성령 충만의 비결을 철저히 헤아려 한국교회가 '참회'에 대하여 적극적이며 체계적이고 조직적으로 교육시키는 건강한 교회가 되게 하여 주시옵소서.

참회를 안 가르쳐 우매한 교회가 되지 않게 하여 주시고, 이를 잘 가르쳐 우리 모두 성령의 권능을 받아 세상을 복음으로써 변화시키는 새 능력의 교회가 되게 하여 주시옵소서.

59 패배주의

하나님,

한국교회에 널리 퍼지고 있는 패배주의를 참회하고 기도합니다. 현재 한국교회 내에서는 "지금 어디서부터 손을 대야 할지 모를 정도로 가망이 없다" "전도는 이제 끝났다" "개척교회는 물 건너갔다" 등등 절망적인 패배주의가 빠르게 퍼져가고 있습니다.

전능하신 여호와 하나님,

한국교회는 요즘 무력감에 빠져 있는 게 사실입니다.

그런데 성경은 역시 "여호와의 눈은 온 땅을 두루 감찰하사 전심으로 자기에게 향하는 자들을 위하여 능력을 베푸시나니"(대하 16:9)라고 하시고, 또 "내가 약한 그때에 곧 강함이라"(고후 12:10)고 말씀하고 계십니다.

이 말씀에 의지하여 한국교회가 전심으로 여호와를 향하게 하시고, 마가의 다락방에서처럼 뜨겁게 기도하고 성령 충만함과 동시에 능력을 받아 가장 약한 이때에 하나님의 도우심으로 패배주의를 극복하고 가장 강한 존재가 되게 하여 주시옵소서.

그동안의 여러 가지 죄와 허물을 눈물로 깊이 회개하여 옛사람은 십자가에 못 박혀 죽게 하시고, 새사람으로 거듭나서 믿음의 의로 다시 사는 한국교회가 되게 하여 주시기를 간절히 기원합니다.

다시 사는 부활 신앙을 가지고 새 생명, 새 소망, 새 비전, 새 능력, 새 영감, 새 변화를 받아 담대히 날마다 승리하는 한국교회가 되게 하여 주시옵소서.

60 무사안일주의

한국교회의 고질병인 무사안일주의를 참회하고 기도합니다.

무사안일주의가 잉태한 대표적인 사례가 바로 전반적으로 나타난 평신도 교육의 실패라고 생각합니다.

주님!

이로 인해 한국교회의 수준이 저하되고 말았습니다. 그런데 교역자들의 수준 이상으로 평신도는 발전할 수 없지 않습니까? 평신도 교육의 실패와 함께 낮은 수준의 목회자들 때문에 평신도들의 수준이 더 저하되어 지금 한국교회가 세상에서 문제를 일으키고 있는 것입니다. 많은 목회자들과 평신도 지도자들의 무사안일주의를 다시 한 번 참회하고 기도합니다.

저희들을 용서하여 주시옵소서.

성령에 크게 감동된 목회자들과 평신도 지도자들이 성도들을 감동시키고 가르쳐 지키게 해야 하지만 현실은 그렇지 않습니다. 세상적인 공교육처럼 주입식 교육으로 일관했기 때문에 거기에는 성령의 감동이 없어 사람을 변화시키지 못했습니다. 많은 사람들이 자신들도 크게 변화된 경험이 별로 없기 때문에 남을 변화시키지 못한 것이라고 생각합니다.

그동안 성도들에게 '참회'에 대해 제대로 가르치지 않아 성령의 뜨거운 역사가 없어 겉도는 평신도 교육, 형식주의 교육 등 도덕적 교육 수준에 머물러 있습니다.

그래서 더 이상 복음의 능력은 나타나지 않고, 생명력을 잃고, 맥이 빠져 무사안일주의에 매몰되어 있는 것입니다.

죽은 자를 살리시는 전능하신 여호와여,

성경은 "마음이 (회개하여) 청결한 자는 복이 있나니 그들이 하나님을 볼 것임이요"(마 5:8)라고 말씀합니다.

이 말씀대로 특히 목회자들이 더욱 깊이 참회하고, 기도하여 마음이 더욱 청결해지고, 하나님을 만나 하늘의 권능과 감동을 충만히 받아, 성령에 깊이 감동된 평신도로 훈련시키는 탁월한 영성가요, 능력 있는 주의 종들이 될 수 있도록 크게 축복하여 주시옵소서.

그리하여 무사안일주의를 극복하고 성령의 감동이 충만하여 미래지향적이며, 선제적, 역동적, 감동적, 생산적인 한국교회가 되게 하여 주시옵소서.

61 신학교육의 실패

한국교회 내에 있는 많은 신학교육기관이 그동안 여러 가지 병폐와 고쳐지지 않는 고질병을 앓고 있어 매우 애석하고 안타까운 실정이며, 나아가 목회자를 양성하는 신학교육이 부실을 넘어 실패하고 있다고까지 느껴지고 있는 것은 부인할 수 없는 현실입니다.

두려운 하나님이시여,

그동안 목회자를 양성하는 신학교육이 명목상의 신학교육이 아니고 성공한 신학교육이었다면, 지금 왜 한국교회가 손가락질을 당하고 있겠습니까?

지난 한 세기 동안 나타난 갖은 불법과 탐욕과 우상숭배와 참회하지 않음과 용서하지 못함과, 싸움과 분열과 저주와 음란과 시기와 원망과 그리스도와 바울의 눈물의 영성이 없고, 종말론적 신앙의 부재 등 여러 가지 정황으로 미루어 보아 한국교회가 하나님을 욕되게 한 일이 너무도 많았음을 고백합니다.

세상을 구원하고 개혁해야 할 한국교회가 세상으로부터 도리어 외면을 당하고 있는 상황에서 신학교육이 사실상 실패하지 않았다고 할 수 있겠습니까?

사랑의 하나님!

이러한 현실에 대해 목회자들과 평신도 지도자들이 모두 다 '내 탓이요'라고 고백하고 깊이 회개할 수 있도록 역사하여 주시옵소서.

신학교육의 실패는 마치 농부가 씨를 뿌리고 잘 가꾸어야 가을에 풍성한 열매를 걷을 수 있으나 제대로 가꾸지 못해 실패한 농부의 이야기와 같다고 생각이 됩니다. 그것도 한국교회가 생긴 이래 120여 년간 교육농사에 실패한 농부의 이야기와 같은 것이 아니고 무엇이겠습니까?

여호와 하나님,

사도 바울은 그의 유언에서 "곧 모든 겸손과 눈물이며 유대인의 간계로 말미암아 당한 시험을 참고 주를 섬긴 것과 유익한 것은 무엇이든지 공중 앞에서나 각 집에서나 거리낌이 없이 여러분에게 전하여 가르치고 유대인과 헬라인들에게 하나님께 대한 회개와 우리 주 예수 그리스도께 대한 믿음을 증언한 것이라"(행 20:19-21)고 자신의 신학교육의 방법을 가르쳐주고 있습니다.

눈물의 성령 하나님!

사도 바울은 모든 겸손과 사랑의 눈물로 복음을 전하고 가르쳤다고 말하고 있습니다. 목회자들과 평신도 지도자들이 과연 진실로 바울처럼 겸손과 눈물로 가르치고 있습니까?

많은 목회자들이 이구동성으로 요즘 한국교회에 눈물이 없다고 탄식하고 있음을 듣고 있습니다.

깊고 깊은 사랑이 없어 안타까이 눈물로 가르치지 못한 저희들이 엎드려 통곡하며 참회하오니 용서하여 주시옵소서.
참으로 회개하여 성령 충만, 말씀 충만, 사랑 충만을 받아 에스라와 느헤미야, 그리고 예수 그리스도와 바울의 사랑의 영성, 눈물의 영성을 가지고 복음을 전하고 성공적으로 가르치는 저희 모두가 되게 하여 주시옵소서!

주여,
굉장한 학문이 있어도 사도 바울이 흘렸던 그런 눈물이 없는 신학교육은 실패할 수밖에 없사오니, "죄인 중에 괴수"(딤전 1:12-15)가 지은 죄악을 용서하시고 살리신 그 놀라운 은총과 사랑에 깊은 감동을 받아, 은혜가 사무쳐 변화된 바울과 같이 죽어가는 저 사람들을 뜨거운 눈물로 가르치게 하여 주시옵소서.
그리하여 신학교육이 크게 성공하게 되기를 간절히 소원하며 기도합니다.

62 이단

이단에 속한 신도들의 구원을 위해 참회하고 기도합니다.

신천지를 비롯한 이단에 속한 많은 사람들이 사탄의 올가미에 걸려 자신들의 잘못을 깨닫지 못하고 불행을 겪고 있습니다. 이 사람들이 진정으로 생명이 되시고 진리가 되시는 예수 그리스도를 깨달아, 주님만이 참 구세주이심을 알게 하여 주시옵소서.

성경은 "거짓 그리스도들과 거짓 선지자들이 일어나 큰 표적과 기사를 보여 할 수만 있으면 택하신 자들도 미혹하리라"(마 24:24)고 말씀하시고, 또 "죄를 짓는 자는 마귀에게 속하나니 마귀는 처음부터 범죄함이라 하나님의 아들이 나타나신 것은 마귀의 일을 멸하려 하심이라"(요일 3:8)고 말씀하셨습니다.

사랑의 하나님!

거짓 그리스도들에게 미혹되어 이단에 빠져 있는 저들을 불쌍히 여겨 주시옵소서.

그들이 참회하여 하나님께로 돌아오게 하시고, 영들 분별의 은사를 받아, 성령의 역사가 무엇이며, 악령(사탄)의 역사가 무엇인가를 철저히 깨달아(엡 6:11-12) 영안이 열려서 진리의 영이신 오직 하나님, 오직 예수님만을 믿을 수 있도록 역사하여 주시옵소서.

라 사랑과 눈물이 없어

63 미자립교회들을 위해

언론보도에 의하면 미자립교회의 목회자 66%가 목회보다도 생활비, 자녀교육 문제로 허덕이고 있다고 합니다. 70%에 달하는 미자립교회를 섬기는 목회자들을 위해 간구하며, 눈물로 참회합니다.

피눈물 뿌려 울부짖어 간구하는 미자립교회(일명 비전교회)에서 사역하는 교역자들을 불쌍히 여겨 주시옵소서. 그분들이 충분히 준비하지 못한 데에 대한 참회의 신음소리를 들어 응답해 주시옵소서. 회개의 영을 충만히 부어 주시어 이에 대한 합당한 성령의 열매와 은사를 넘치도록 허락하여 주시옵소서. 그래서 세상을 넉넉히 선하게 이기게 하시고 자립하는 교회로 속히 세워

주시옵소서.

성경은 "이 작은 자 중 하나에게……이르노니 그 사람이 결단코 상을 잃지 아니하리라"(마 10:42)고 말씀하셨습니다. 또한 "사랑에는 거짓이 없나니 악을 미워하고 선에 속하라 형제를 사랑하여 서로 우애하고 존경하기를 서로 먼저하라"(롬 12:9-10)고 하셨습니다.

이 말씀처럼 큰 교회가 미자립 비전교회를 진심으로 사랑하고 존귀하게 여기며 다각도로 도움을 줌으로써, 그들 비전교회가 새 힘을 얻고 진정 비전이 있는 교회가 될 수 있도록 축복해 주시옵소서.

64 한국전쟁 희생자들에 대해

일제의 잔악한 36년간에 걸친 식민통치 밑에서 해방이 된 지 불과 5년째 되는 1950년 6월 25일 일요일 새벽미명에, 북한의 주도면밀한 계획 아래 북한군이 38°선을 넘어 기습 남침하여 3일 만에 수도 서울이 함락되고 말았습니다.

하나님!

이 전쟁은 얼지 않는 부동 항구를 확보하기 위해 남진정책을 추구했던 공산주의 구소련의 스탈린과 남한의 적화통일을 호시탐탐 노리고 있었던 공산주의 북한의 김일성, 이 두 사람의 합작품이었습니다.

주여!

그러나 하나님께서는 "나는 빛도 짓고 어둠도 창조하며 나는 평안도 짓고 환난도 창조하나니 나는 여호와라 이 모든 일을 행하는 자니라"(사 45:7)고 말씀하셨습니다. 해방의 기쁨도 잠시, 이 엄청난 동족상쟁의 피비린내 나는 참화가 어찌 이 땅에서 일어날 수가 있습니까? 이 같은 연속적인 민족의 재난은 누구의 죄입니까? 한민족의 자손들과 그 조상들의 죄입니까?

주여!

이 민족을 불쌍히 여겨 주시옵소서. 이제 저희들은 하나님의 뜻을 구하며 이스라엘 선지자 느헤미야의 참회의 본에 따라 한민족의 자손과 저희들의 죄와 선조들의 허물을 깊이 회개합니다(느 1:3-7).

곧 모든 불의, 추악, 탐욕, 악의, 시기, 살인, 분쟁, 사기, 교만,

음행과 원수 맺는 것과 분열과, 당 짓는 것과 더러운 것과 우상 숭배 등 모든 죄와 허물을 참회하오니, 십자가의 보혈로 깨끗이 씻어 주시고 용서하여 주시옵소서.

하나님!
북한군은 소련제 T-34형 탱크 200여 대를 앞세우고 10개 보병 사단을 포함해서 총 병력 198,000여 명이 일시에 38°선을 돌파하여 남침을 감행하였습니다. 이때 한국군은 탱크와 전투기 없이 보병 8개 사단을 포함해서 총병력 105,000여 명으로 2:1의 열세로 적의 남침을 저지하기에는 역부족이었습니다.

남침하는 북한군을 피해 수백만 명의 피난민들은 고향을 등지고 기약도 없이 무작정 남쪽으로 내쫓겼습니다. 피난 때 유엔군의 오폭으로 희생된 사람들도 많이 있었습니다. 남한이 적들의 수중에 있을 때는 동네에 있던 악질 공산주의자들에 의해 죽창으로 살해된 우익 인사들과 경찰, 공무원들도 많았습니다.

주여!
이 전쟁 중의 참상을 어찌 다 필설로 말할 수 있겠습니까? 다행히 16개국으로 구성된 유엔군의 참전과 미군의 인천상륙작전 성공으로 낙동강 전선을 사수하고, 이어서 패퇴하는 북한

군을 뒤쫓아 북진하여 다시금 38°선을 돌파하고 북진을 거듭하여 압록강까지 진격하게 되었습니다. 그러나 그때에 뜻하지 않은 200만 중공군의 개입과 악착같은 인해전술로 인해 전세는 또다시 역전하여 서울은 중공군의 수중으로 들어가는 수모를 겪어야만 했습니다.

휴전 직전까지 양측이 서로 한 치의 땅이라도 더 확보하기 위해 벌어진 피의 능선, 백마고지 전투 등으로 일진일퇴를 거듭하는 치열한 백병전의 연속이었습니다. 그리하여 아름다운 금수강산은 아비규환의 전쟁터가 되고 말았던 것입니다. 이런 과정에서 한국군과 미군을 비롯한 유엔군의 인명 피해는 막대했으며, 북한군과 중공군들의 수많은 인명 피해와 더불어 한반도 전역은 온통 붉은 피로 물들었습니다. 마침내 1953년 7월 27일 휴전 협정이 조인됨으로써 38°선이 현재의 155마일 휴전선으로 대체되었습니다.

휴전협정 이후 60여 년 동안 남북한 관계는 긴장의 연속이었으며 북한이 저지른 판문점 도끼 만행 사건, 천안함 폭침 사건, 연평도 포격 사건 등을 비롯한 갖가지 도발로 오히려 최근에는 긴장의 강도를 더 높여 '서울 불바다'를 외치며 핵 실험, 미사일 발사 등으로 남한을 압박하고 있습니다.

하나님!

우리 민족은 왜 이와 같은 골육상쟁의 고난을 계속 겪어야만 합니까?

이스라엘 백성들이 불순종할 때 블레셋 족속과 암몬 족속 등의 침략으로 그들을 훈련시키신 여호와 하나님,

이 나라와 이민족이 불순종하고 하나님을 떠나려 할 때, 생명의 길로 돌이키게 하여 주시옵소서.

통계에 의하면 이 전쟁 동안에 입은 인명 피해는 한국군 전사자 137,899명을 비롯해서 부상, 실종, 포로까지 포함하면 621,479명에 이르고 있으며, 민간인 피해는 사망, 학살, 부상, 납치, 행방불명자 등 모두 99만여 명으로 집계되었습니다. 미군의 전사자는 36,940명을 비롯해서 부상, 실종, 포로 등을 합하면 137,250명에 이르고 있습니다. 여기서 한국군 및 유엔군의 인명 피해를 합산하면 전사자 178,569명을 비롯해서 부상 555,022명, 실종 28,611명, 포로 14,158명에 이르고 있으며 최종 합계 776,360명으로 집계되었습니다.

한편, 북한군의 피해는 사망 및 부상자 512,000여 명을 비롯하여 실종, 포로 등을 포함, 총 791,000여 명에 이르고 있으며,

북한 민간인 피해는 약 200만 명으로 추산되고 있습니다. 중공군은 사망 및 부상자 947,000명을 비롯해서 실종, 포로 등을 감안하면 972,000명에 이르고 있습니다. 그래서 도합 약 560여만 명이 이 전쟁으로 피해를 입은 것입니다. 여기다 남북한 이산가족 1천만 명을 가산하면 총 희생자와 인명 피해자 수가 무려 약 1,500여만 명에 이르고 있음을 알 수 있습니다.

하나님 아버지!

이와 같은 처참한 전쟁은 인류 역사상 그 유례가 드문 전쟁이었습니다. 이 침략전쟁은 과연 누구를 위한 전쟁이었습니까?

성경은 "누가 철학과 헛된 속임수로 너희를 사로잡을까 주의하라 이것은 사람의 전통과 세상의 초등학문을 따름이요 그리스도를 따름이 아니니라"(골 2:8)고 하시고, 또 "다만 네 고집과 회개하지 아니한 마음을 따라 진노의 날 곧 하나님의 의로우신 심판이 나타나는 그 날에 임할 진노를 네게 쌓는도다"(롬 2:5)라고 말씀하셨습니다.

오늘날 북한의 김정은 3대 세습 세력들은 지금도 선대의 악랄한 침략도발 정책을 그대로 답습하고 있습니다. 부디 북한의 악한 무리들이 가룟 유다처럼 끝까지 참회하지 않다가 비참한 최후를 맞지 않도록 인도하여 주시고, 베드로처럼 진심어린 회개를 철저히 하게 하여 광명을 찾게 해주시옵소서.

또 회고하건대 1,500여 만 동포들이 전쟁의 참화 속에서 환난과 능욕을 당할 때에, 저희들은 남한에서 믿노라 하면서도 그들을 위해 눈물로 진심으로 기도하지 아니하였으며, 그들에게 다가가 하늘의 위로와 먹을 양식을 건네준 적도 없었습니다. 이제야 깊이 깨닫고 참회하오니 용서하여 주시옵소서. 지금 생각하면 입으로만 주여 주여 하면서 동족의 아픔과 눈물도 거의 외면하며 살았던 가증스런 저희들이었음을 고백하지 아니할 수 없습니다.

사랑의 주님!

전쟁의 피해자들로서 지금까지 생존하고 있는 이들은 이제 고령화되고 심신이 쇠약해져 있으며, 아직도 한을 풀지 못하고 있습니다. 그들의 눈물을 씻어주시고 구세주이신 예수를 믿게 하여 주시고, 휴전 후 지난 60여 년 동안 삶의 광야에서 이스라엘 백성들에게 내려주신 기적의 만나와 사르밧 과부의 통의 가루와 기름병처럼 날마다 채워주신 이가 바로 여호와 하나님이심을 알게 하여 주시옵소서(왕상 17:12-16).

'여기까지 도와주신 에벤에셀의 하나님'이심을 다시금 깨달아 알게 하여 주시어, 크고 작은 시련 중에서도 하나님을 찬양하고 절대 감사하는 성도들이 다 되게 하여 주시옵소서.

여호와 하나님이시여!

그리하여 마침내 아브라함과 같은 믿음으로 순종하게 하심으로 말미암아 그들을 축복하는 자들을 축복하시며, 저주하는 자들을 저주하시는 살아 역사하시는 하나님과 함께 영원토록 동행 동거하는 천국백성들이 다 되게 하여 주시옵소서!(창 12:3)

참고문헌

《한국전쟁사》 강경표 외 6명 공저, 도서출판 진영사.

65 북한 지하교회를 위해

북한 지하교회의 성도들과 그들의 신앙의 자유를 위해 기도하고 저희들의 그동안의 무관심을 참회합니다.

보도에 의하면 북한에는 약 40만 명에 달하는 지하교회의 성도들이 있다고 합니다. 그들의 울부짖는 간구를 들어 응답하여 주시옵소서!

그들은 손으로 옮겨 쓴 쪽복음을 가지고 목숨을 걸고 신앙생활을 하고 있다고 합니다. 그럼에도 불구하고 저희들은 대한민국에서 편안히 살면서 그들을 위해 눈물 뿌려 기도하지 않았습니다. 용서하여 주시옵소서.

성경은 "누가 우리를 그리스도의 사랑에서 끊으리요 환난이나 곤고나 박해나 기근이나 적신이나 위험이나 칼이랴, 그러나 이 모든 일에 우리를 사랑하시는 이로 말미암아 우리가 넉넉히 이기느니라"(롬 8:35, 37)고 말씀하셨습니다.

바울과 실라가 성경 말씀대로 갖은 고난과 핍박 속에서도 일사각오의 신앙을 가지고 빌립보 감옥 속에서 뜨겁게 찬송하고 기도할 때, 땅에 지진이 나서 감옥 문이 열리고 착고가 풀리며 간수장이 회개했던 것처럼(행 16:25-31), 북한의 지하교회 성도들이 찬송하고 뜨겁게 기도할 때에 지진이 나고 옥문이 저절로 열려 무자비한 북한의 지도자들이 두려워 떨며 엎드려 참회하는 놀라운 성령의 역사가 일어나게 역사하여 주시옵소서.

그리고 지하교회 성도들이 통일의 그날까지 부디 자신의 생명과 가정과 자녀들을 잘 지킬 수 있도록 큰 능력과 지혜를 주시고, 하늘의 천군 천사들을 보내어 보호하여 주시옵소서.

66 북한의 정치범 수용소에 대해

　정치범 수용소에 억울하게 갇혀 있는 북한의 동포들과 기독교인들을 위해 간구합니다.

　그들도 하나님의 형상으로 지음 받아 이 세상에 태어나게 하신 여호와 하나님!

　느헤미야는 선지자와 유대민족이 포로로 사로잡혀간 나라에서 고통 중에 있을 때, 예루살렘 성이 훼파되었으며 성문은 불탔고 거기에 남아 있던 동족들이 환난과 능욕을 당하고 있다는 소식을 전해 듣고, 수일 동안 울며 금식하고 이스라엘 자손과 자신의 죄와 선대의 죄악을 놓고 참회를 했습니다(느 1:3-7).

　저희들도 정치범 수용소에서 환난과 능욕을 당하고 있는 억울한 동포들을 생각하면서 느헤미야의 참회의 본을 따라 통곡하며, 한민족의 자손과 저희들의 죄와 선조의 죄악을 놓고 깊이 회개하오니 용서하여 주시옵소서.

　주님!
　수용소에 억울하게 갇혀 고통 받는 동포들과 기독교인들의 방패와 산성이 되어 주시고 구원의 뿔이 되어 주시옵소서. 얼어 죽고, 굶어 죽고, 매 맞아 죽고, 병들어 죽을 수밖에 없는 참혹한 수용소에 천사들을 보내주셔서 만나와 의복과 모든 필요를 채워 주시옵소서. 병든 자들은 친히 안수하여 주시옵소서. 매 맞는 자들에게는 방패가 되어 주시옵소서.

성경은 "사람이 감당할 시험밖에는 너희가 당한 것이 없나니 오직 하나님은 미쁘사 너희가 감당하지 못할 시험 당함을 허락하지 아니하시고 시험 당할 즈음에 또한 피할 길을 내사 너희로 능히 감당하게 하시느니라"(고전 10:13)고 말씀하셨습니다.

저들이 가혹한 시련 중에도 피할 길을 내시어 통일의 그날까지 잘 보호하여 주시옵기를 간절히 기도합니다. 특히 요덕 수용소에서는 배급이 없어 기어 다니는 것들, 날아다니는 것들을 모두 잡아먹고 살아야 한다고 합니다.

사랑의 하나님,
그들이 어서 속히 수용소에서 석방되어 자유의 몸으로 대한민국에 귀환할 수 있도록 강권적으로 역사하여 주시옵소서.
또한 그들이 지금부터 천국 가는 그날까지 기름병과 통의 가루 등 모든 식량이 떨어지지 않도록 날마다 만나처럼 채워 주시옵기를 빌고 원합니다. 이루어 주시옵소서.

III
새 민족을 위하여

가. 정치 분야
나. 사회 분야
다. 경제 분야
라. 교육 분야
마. 과학 분야
바. 국방 분야
사. 치안 분야
아. 북한 문제에 대해

우리 민족이 새 생명을 얻고 다시 사는 길은 남북한의 분단과 군사적 대치, 특히 지도층을 비롯한 전 사회적인 부정과 비리, 그리고 역사적인 과오와 시행착오 등을 놓고 솔직히 참회하고 기도하는 것이 유일한 방법이라고 생각합니다. 통일의 여망이 보이는 이때에 우리는 먼저 하나님 앞에 엎드려 간구하고 참회를 해야 하겠습니다.

성경은 "너희도 만일 회개하지 아니하면 다 이와 같이 망하리라"(눅 13:3)고 말씀하고 있기 때문입니다. 망하기를 원하는 사람이 어디에 있겠습니까?

잘 아시는 대로 선지자 느헤미야는 포로로 잡혀간 이국땅에서 예루살렘 성이 훼파되었고, 성문은 불탔으며, 동족들은 환난과 능욕을 당하고 있다는 안타까운 소식을 전해 듣고, 수일 동안 앉아서 울며 이스라엘 자손과 자기의 죄와 선대의 범죄함에 대해 금식하고 몸부림치며 참회를 하였습니다(느 1:3-7). 그리고 하나님의 도우심으로 왕의 허락을 받고 예루살렘 총독이 되어 그리로 달려가 성벽을 중수하고 영적인 종교개혁을 단행하여 성공하였습니다.

이와 같이 느헤미야가 주는 교훈을 본받아 우리들도 한국교회와 민족의 시련과 고통 앞에 울며 금식하고, 이 민족의 범죄함을 참회하는 새 생명의 역사가 불 일 듯 뜨겁게 일어나 새 민족이 됨으로 영적인 종교개혁이 성공하게 되기를 간절히 소원하며 기도합니다.

가

정치 분야

67 정치 지도자들을 위해

우리나라의 정치 지도자들을 위해 기도하며 당리당략과 사리사욕에 대하여 참회합니다.

하나님,

그들은 국민을 치리하고 섬겨야 할 책무가 있습니다. 그러므로 위로는 하나님을 마땅히 경외하고 안으로는 국민의 행복을 위해 봉사해야 함에도 불구하고 불신앙의 지도자들이 많이 있고, 또 기독교 가치관을 가지고 믿노라 하면서도 적지 않은 이들이 믿음의 본을 보여 주지 못하고, 백성들을 실망시키고 세상의 조롱거리가 되는 경우가 많이 있습니다.

성경은 "슬프다 범죄한 나라요 허물어진 백성이요 행악의 종

자요 행위가 부패한 자식이로다 그들이 여호와를 버리며 이스라엘의 거룩하신 이를 만홀히 여겨 멀리하고 물러갔도다"(사 1:4)라고 말씀하셨습니다.

저들이 육신의 정욕과 안목의 정욕과 이생의 자랑으로 살아온 죄악과 허물을 다윗 왕처럼 처절하게 울부짖고 참회하게 하여 주시고, 결단하여 성결한 지도자들이 다 되게 하여 주시옵소서. 그리하여 정치지도자들이 국민들의 삶의 본이 되게 하시고 또 믿는 자들도 믿음의 본을 확실히 보이는 그리스도인이 되게 하여 주시옵소서.

당리당략에만 매달리지 않도록 하여 주시며, 사리사욕을 버리고 하나님을 사랑함으로 주님의 백성들을 마땅히 사랑하며, 예수님의 본을 따라 지혜롭고 정의로우며 잘못된 것을 개혁하고 자기를 희생할 줄 아는 지혜로운 지도자들이 다 되게 하여 주시옵소서.

또 한편으로는 다니엘과 같은 훌륭한 지도자들이 될 수 있도록 역사하여 주시옵소서.

다니엘은 바벨론에 포로로 잡혀간 사람이었으나 거기서도 하나님을 철저히 경외하고 순종하며 자기 자신에게 더욱 엄격하였으며 쉬지 않고 기도했던 주님의 종이었습니다(단 6:10). 그런 다니엘에게 하나님은 학문과 지혜와 명철을 주셨고 환상(vision)과 꿈을 깨닫게 하셨습니다(단 1:17).

그리하여 하나님과 사람들에게 칭찬을 듣는 훌륭한 지도자가 되었습니다. 바벨론에서 셋째 치리자가 되었을 뿐만 아니라(단 5:29) 바벨론을 정복한 메대의 다리오 왕 때에도 국무총리가 되는 복을 누렸습니다(단 6:1-2).

여호와 하나님,

한국의 정치지도자들이 다니엘처럼 하나님을 철저히 경외하며 순종하고 자기 자신에게 더욱 엄격하며, 쉬지 않고 치열하게 기도함으로 뛰어난 지혜와 총명을 받아(단 1:20) 탁월한 영성과 학문과 지도력을 갖춘 사람들로서, 하나님과 사람들 앞에서 크게 쓰임 받고 존경 받는 훌륭한 정치 지도자들이 다 되게 하여 주시옵소서.

68 사색당파 싸움

조선시대 500년 역사 가운데 벌어진 사색당파 싸움으로 인해 유혈이 낭자했던 비극의 역사를 회고하며 눈물로 참회하고 기도합니다.

그런 와중에서도 세종대왕 같은 어진 임금으로 하여금 훈민정음을 창제하게 하시고 과학기술을 발전시켜 백성들을 안위하게 하여 주심을 감사드립니다. 살육이 난무했던 사색당파 싸움에서 보여준 바와 같이 조정에서 음모와 갈등과 분열과 저주가 난무하고 탐욕스런 나라의 공복들은 부정부패하여 민생은 도탄에 빠져 가난에 허덕였으며, 임진왜란 등 외세의 침략으로 백성들은 불안에 떨며 불행했던 시절도 많았습니다.

이와 같은 민족의 비극을 자초한 선조들의 죄와 허물을 이제라도 참회하오니 용서하여 주시옵소서.

성경은 "육체의 일은 분명하니 곧 음행과 더러운 것과 호색과 우상숭배와 주술과 원수 맺는 것과 분쟁과 시기와 분냄과 당 짓는 것과 분열함과 이단과"(갈 5:19-20)라고 말씀하고 있습니다.

1945년 8월 15일 해방 이후, 대한민국은 헌법을 제정하여 합법정부를 세우고 근대화와 민주주의를 실현하였고, 그 후 2000년대에 들어서는 정치, 경제, 사회, 문화 등에서 세계 10위권에 들어가는 현대문명국가로 발전하고 있습니다. 그러나 아직도 남북한의 분단과 동서간의 갈등, 사회구성원들과 기업과 노사 간의 분쟁은 끝날 줄을 모르고 있는 실정입니다.

하나님 아버지시여!

악한 분열의 영이 이 나라에 팽배해 있습니다. 마귀를 멸하여 주시옵소서. 오직 우리를 하나 되게 하시는 성령님이 뜨겁게 역사하시는 나라와 민족이 되어, 과거의 사색당파 싸움과 같은 불행한 역사가 다시는 반복되지 않도록 강하게 인도하여 주시옵기를 간절히 소원하며 눈물로 기도합니다.

69 남북한의 분단

남북 분단은 역사적으로 보면 일제가 미국의 진주만을 기습 공격함으로 촉발된 미·일 간의 태평양전쟁에서, 일본이 패망한 후에 승전국인 미국과 뒤늦게 참전한 소련이 일제 식민지 통치 아래에 있던 한반도를 분할 점령한 데서 기인하고 있습니다. 그래서 남한은 미군이, 북한은 소련군이 진주하게 된 것입니다.

하나님,

그렇지만 당시 우리나라는 자주국방의 능력이 없었으며 정치 경제적으로는 현대국가로서의 면모를 갖추지 못했던 낙후된 후진국이었습니다. 스스로 나라를 지킬 수 없는 민족은 수치를 당할 수밖에 없다는 사실을 우리가 뼈저린 역사적 교훈으로 삼을 수 있도록 인도하여 주시옵소서. 우리 조선에게도 책임이 있다는 사실을 인정하고 참회하게 하여 주시옵소서.

주여,

남북 분단의 결과로 남한에는 자유 민주주의 국가이며 기독교 국가인 미국의 영향을 받아, 자유민주주의를 신봉하며 기독교가 우세한 대한민국정부가 수립되었음을 하나님께 먼저 감사를 드립니다. 반대로 북한에는 공산주의국가이며 동시에 기독교를 배척하는 소련의 사주를 받아 김일성이 이끄는 공산주의 독재정권이 세워져 결국 한반도가 남북한으로 분열하게 되었습니다.

진노하시는 하나님!

그런데 성경에 보면 과거 이스라엘의 솔로몬 왕이 우상을 숭배함으로 하나님의 진노하심을 받아 북이스라엘과 남유다로 그의 아들 대에 가서 분단되었음을 알 수 있습니다. 솔로몬이 정치적 목적을 달성하기 위하여 정략적으로 이방여인과 결혼을 하였고, 그들이 섬기는 이방 신을 용납하였으며, 이방 신전을 세우고, 끝내 하나님을 떠나 이방 신까지 섬기는 타락한 모습을 보였습니다. 그래서 나라가 두 동강으로 분단되는 징계를 받은 것입니다(왕상 11:9-12).

여호와여!

이로 미루어 볼 때, 남북한의 분단은 과거 우리 민족의 선조들과 나라의 지도자들이 미신에 빠져 우상을 섬기고, 불순종하고, 타락하였던 데에 그 원인이 있었음을 고백합니다. 이 같은 역사적 사실을 오늘날 이 세대에 하나님의 음성(레마, Rhema)으로 듣게 하여 주시오니 감사를 드립니다.

주님!

한민족의 자손들과 나 자신과 선대의 죄악에 대하여 느헤미야의 참회를 본받아 금식하고 깊이 회개하오니 용서하여 주시옵소서(느 1:3-7).

성경은 "그러므로 땅에 있는 지체를 죽이라 곧 음란과 부정과 사욕과 악한 정욕과 탐심이니 탐심은 우상숭배니라 이것들로 말미암아 하나님의 진노가 임하느니라"(골 3:5-6)고 말씀하셨습니다.

심판하시는 두려운 하나님이시여,

결과적으로 보면 남한은 기독교가 우세한 나라가 되어 하나님이 도우심으로 정치, 경제, 사회적으로 세계 10위권의 선진국 대열에 진입하는 큰 축복을 받았습니다. 그러나 하나님을 조롱

하는 북한은 김일성, 김정일, 김정은까지 3대가 세습하고, 무력 적화통일을 획책하는 악한 무리들이 지배하여 하나님의 진노하심을 받아 지금도 수많은 북한 동포들이 굶어 죽어가고 있으며, 목숨을 걸고 국경을 넘어오는 탈북자들이 속출하는 등 망해 가는 후진국으로 이미 추락하였습니다.

여호와 하나님!

그동안에 김일성 세습 독재세력들이 하나님을 저주하고 많은 기독교인들을 학살하였고, 교회들을 파괴하고, 그 자리에 독재자 동상들을 세웠습니다. 인민들을 굶어 죽고, 얼어 죽고, 병들어 죽고, 매 맞아 죽게 만든 저 무자비함과 하나님을 철저히 거부한 죄악을 깨닫고, 피눈물을 흘려 통곡하며 평양의 봉수교회에 나와 엎드려 참회할 수 있도록 강권적으로 역사하여 주시옵소서.

주여,

원하옵고 간구하오니 그들은 기습 남침을 감행하여 피비린내 나는 6·25 동족상쟁을 일으킨 전쟁범죄자들입니다. 잔악한 3대 독재 세습의 원조인 김일성과 그 아들 김정일의 우상화를 위해 북한 땅에 세워진 수만 개의 동상들을 허물어 주시고, 북한의 공산주의 독재체재 등 우상들을 전부 철폐하여 주시옵소서.

또한 저들이 참회하지 아니할 때엔 현재의 김정은 3대 세습 독재 세력들을 성령의 불로 완전히 태워 소멸하여 주시옵소서.

그리하여 마침내 남북한의 분단의 장벽이 무너지고 남과 북의 모든 겨레가 하나님을 믿고 두려워하며, 모두 함께 지난날의 범죄함을 피눈물을 흘려 참회하며, 주님의 뜻 안에서 순종하여 대한민국이 주도하는 통일의 성업이 속히 이루어질 수 있도록 역사하여 주시옵기를 간절히 소원하며 기도합니다.

70 역사적 과오

혼란이 극에 달했던 구한말과 36년간의 일제식민통치, 6·25 동족상쟁과 4·19 혁명, 5·16 군사혁명과 5·18 광주항쟁 등 국가 존망의 험난한 역사 속에서도 이 나라를 지금 "여기까지 도와주신 에벤에셀의 하나님"(삼상 7:12)께 감사를 드립니다.

주님,
이런 역사적 과정 속에서 이 모양 저 모양으로 이 민족이 지은 허물을 참회하오니 용서하여 주시옵소서. 다시는 이 같은 환난과 시련의 때가 오지 않도록 방패와 산성이 되어 주시옵소서.

성경은 "해 뜨는 곳에서든지 지는 곳에서든지 나밖에 다른 이가 없는 줄을 알게 하리라 나는 여호와라 다른 이가 없느니라 나는 빛도 짓고 어둠도 창조하며 나는 평안도 짓고 환난도 창조하나니 나는 여호와라 이 모든 일들을 행하는 자니라"(사 45:6-7)고 말씀하고 계십니다.

그런 환난 중에서 이 민족을 연단하시고 훈련하시며 여호와 외에 다른 신이 없음을 알게 하여 주시니 또다시 감사를 드립니다.

앞으로는 진실로 저희들이 하나님을 알고 경외함으로 순종하게 하여 주시옵소서. 그리하여 주님이 인도하여 주심으로 나라의 안정과 평화가 충만하게 하여 주시며, 민족이 더욱 크게 도약하여 부흥하는 나라가 되도록 역사하여 주시옵소서. 아무쪼록 동과 서, 그리고 남과 북이 화합하여 하나가 되며, 이 땅에 하나님의 나라가 어서 속히 이루어지게 하여 주시옵소서.

71 시행과 착오

조국의 근대화와 민주화 과정에서 겪었던 역사적인 격동기에 핍박과 희생을 당한 많은 사람들이 있습니다. 그들을 위로하여 주시며 상처를 치유하여 주시옵소서.

우리나라가 수천 년 동안 가난에 찌들어 봄에는 풀뿌리와 나무껍질 등을 벗겨 먹는 등 가난이 계속 대물림될 때 5·16 군사혁명정부는 〈잘 살아 보세〉, 〈우리도 할 수 있다〉는 등의 슬로건을 내걸고 수차례 경제개발계획을 추진하였습니다. 이때 생성된 이른바 '개발독재'를 기반으로 오늘날 세계가 부러워하는 경제 강국을 이루었습니다.

그러나 어찌 됐건 당시 정치지도자들에게는 국가지상주의가 우상시 되었으며, 인권이 일부 훼손되었습니다. 근대화와 민주화 과정에서 노정된 이와 같은 죄와 허물을 참회하오니 용서하여 주시옵소서.

성경은 "우리는 그리스도 안에서 그의 은혜의 풍성함을 따라 그의 피로 말미암아 속량 곧 죄사함을 받았느니라"(엡 1:7)고 하시고, 이어서 "너희가 사람의 잘못을 용서하면 너희 하늘 아버지께서도 너희 잘못을 용서하시리라"(마 6:14)고 하셨습니다.

자비와 긍휼이 풍성하신 여호와여!

민주화, 근대화 과정에 핍박과 상처 입은 자와 국가 발전을 위해 헌신한 모든 관계자들이 서로 위로하고 용서함으로써 주 안에서 지혜롭게 화합하여 힘을 하나로 모아 국가통합융성시대, 국민행복융합시대, 미래창조경제시대, 호크마(지혜) 영성시대를 열어가는 성공하는 나라와 민족이 되게 하여 주시옵소서.

나

사회 분야

72 부정과 비리

이 민족을 불쌍히 여겨 주시옵소서. 약육강식의 시대에 생존을 위해 생계형 범죄가 날로 증가하고 있고 경제, 사회, 문화, 국방, 교육, 과학, 체육, 종교, 법조계 등 공직자들을 비롯해서 사회 구석구석이 부정과 비리가 만연되어 있습니다. 부정과 비리가 만연한 이 나라, 이 민족이 진심어린 회개를 하게 하여 주시고 불쌍히 여겨 주시옵소서.

성경은 "그 안에 거하는 자마다 범죄하지 아니하나니 범죄하는 자마다 그를 보지도 못하였고 그를 알지도 못하였느니라"(요일 3:6)고 말씀하셨습니다.

이 말씀대로 그들이 예수님을 알지도 못하고 하나님을 몰라 죄와 허물 가운데 살면서, 하나님보다 돈을 더욱 사랑하였습니다. 저들이 자신들이 지은 죄를 깨닫게 하시고, 죽이기도 하시고 살리기도 하시는 두려운 하나님(삼상 2:6-7)을 바르게 알고 정의롭게 살게 하여 주시옵소서.

성경은 "죄의 삯은 사망이요 하나님의 은사는 그리스도 예수 우리 주 안에 있는 영생이니라"(롬 6:23)고 말씀하지 않으셨습니까?

아무쪼록 주님의 말씀에 의지하여 삶의 여정 속에서 하나님의 정체성을 깊이 깨닫고, 두려워 떨며 겸손히 하나님께 나아가 엎드려 참회하고 간구하는 깨끗한 새 사람들이 다 되게 하여 주시고, 소금처럼 썩지 않는 그리스도인들이 되게 하여 주시옵소서.

73 노사분쟁과 사회적 갈등

현대 산업화시대에 기업과 근로자 간의 갈등과 불화가 심화되고 있으며, 또 다른 사회적 이익 집단 간의 충돌도 심각해지고 있어 이를 위해 기도하며 참회합니다.

고아의 아버지가 되시는 여호와여,
산업의 역군인 근로자들과 기업가들도 함께 위로하여 주시고 진리의 길, 화평의 길, 공의의 길로 인도하여 주셔서 산업 평화를 이루어 가게 하여 주시옵소서.

성경은 "욕심이 많은 자는 다툼을 일으키나 여호와를 의지하는 자는 풍족하게 되느니라"(잠 28:25)고 하시고, 또 "보라 내가 오늘 생명과 복과 사망과 화를 네 앞에 두었나니 곧 내가 오늘 네게 명령하여 네 하나님 여호와를 사랑하고 그 모든 길로 행하며 그의 명령과 규례와 법도를 지키라 하는 것이라 그리하면 네가 생존하며 번성할 것이요 또 네 하나님 여호와께서 네가 가서 차지할 땅에서 네게 복을 주실 것임이니라"(신 30:15-16)고 말씀하셨습니다.

이 말씀에 의지하여 모두 함께 내 탓임을 깨닫게 하여 주시옵소서.

전능하신 하나님,

저들이 잘 되는 상생의 길이 바로 하나님을 경외하고 순종하는 것임을 깨닫고, 이를 실천함으로 산업 평화와 아울러 또 다른 이익 집단들 간에도 하나님의 공의가 생수 같이 넘쳐나게 하여 주시옵소서. 저들의 눈물을 씻어 주시고 치유하여 주시옵소서. 이를 통해 노사분쟁과 사회적 갈등을 해소하여 주시기를 간절히 기도합니다.

74 가정파탄

부모가 불화하여 이혼을 하고 자녀들은 뿔뿔이 흩어져 파탄 상태에 있는 가정들을 위하여 기도하고 참회합니다.

가정파탄으로 인하여 절대절망 속에서 자살률과 이혼율이 OECD국가들 중에서 세계 제일이라는 불명예가 이 나라를 어둡게 하고 있습니다.

전능하신 사랑의 하나님!

이 가정들의 부모들이 곤경에 처할 때 하나님을 꼭 찾게 하시고 복음을 듣고 예수를 믿어 참회하게 하여 주시옵소서. 없는 것으로 불평하지 않게 하시고, 있는 것으로 자족하며 감사하는 하나님의 자녀들이 되게 하여 주시옵소서. 초가삼간에 살더라도 예수를 믿음으로 거기가 바로 새 생명, 새 소망, 새 비전을 이루어 가는 천국임을 깨닫게 하여 주시옵소서.

성경은 "살리는 것은 영이니 육은 무익하니라 내가 너희에게 이른 말은 영이요 생명이라"(요 6:63) 하셨사오니, 하나님의 때에 성령으로 채워 주시는 하나님을 깨달아 알게 하여 주시옵소서.

그리고 살리는 하나님의 성령에 이끌림을 받아 분열의 영, 사탄의 영을 물리치고 말씀을 통하여 일하시는 성령의 하나 되게 하심을 힘입어 가정들이 다시 회복되게 하여 주시옵소서(엡 6:17).

그 자녀들도 환난 중에 광야에서 그들을 기다리시는 하나님을 발견하게 하시고, 고난이 변하여 영광과 복이 되게 하시는 여호와이심을 깨닫게 하여 주시옵소서(롬 8:18).

75 불량 청소년들

집에서 가출하고 학교를 자퇴하여 불량 서클에 들어가 범죄에 노출된 우리 청소년들이 대책도 없이 방황하고 있습니다. 그들을 위해 참회하고 기도합니다.

가정과 학교와 사회에서 잘 적응하지 못하고 비뚤어진 불량 청소년들이 많이 있습니다. 저들의 방황을 막아주시고 생명의 길, 진리의 길로 인도하여 주시옵소서. 혹시 조상과 부모들에게 허물이 있습니까? 용서하여 주시옵소서.

성경은 "빛이 어둠에 비치되 어둠이 깨닫지 못하더라"(요 1:5)고 하시고, 또 "어리석은 자는 그의 마음에 이르기를 하나님이 없다 하는도다 그들은 부패하고 그 행실이 가증하니 선을 행하는 자가 없도다"(시 14:1)라고 말씀하셨습니다. 세상에서 버림받은 그들을 불쌍히 여겨 주시옵소서.

사랑의 하나님,

그들이 어디를 가나 좋은 사람들을 만나게 하시고 선한 목자를 만나 보호받게 하시며, 고난 중에도 그들과 함께하시는 하나님을 깨달아 알게 하여 주시옵소서. 범죄에 노출되지 않도록 보호하여 주시고 오직 예수님만을 믿고 구원받게 하여 주시옵소서.

언제, 어디서나 그들이 하나님의 말씀으로 위로받게 하시고,

부모 형제는 그들을 버릴지라도 고아의 아버지 되시는 하나님께서는 날마다 돌아오기를 손꼽아 기다리신다는 진리를 깨닫게 하여 주시옵소서(벧후 3:9).

76 방황하는 청·장년들

대학을 나오고도 직장을 구하지 못하여 결혼을 미루고 기약 없이 방황하는 청·장년들이 200만 명이 넘는 시대가 되었습니다. 이들을 위해 기도하고 참회합니다.

치열한 경쟁 사회에서 약자는 강자에게 어떻게 할 수 없는 처지입니다.

주여,
저들을 지켜 주시옵소서.

가장 약할 때 가장 강한 존재가 되게 하시는 사랑의 하나님, 이처럼 힘든 상황에서 살아남아야 하는 적자생존의 시대에 자신들의 눈높이에 맞추어 일자리를 찾을 수 있도록 긍정적이며 적극적인 담대한 믿음과 하늘의 지혜를 주셔서 저들의 작은 꿈이 속히 이루어질 수 있도록 이끌어 주시옵소서.

성경은 "네 마음으로 죄인의 형통을 부러워하지 말고 항상 여호와를 경외하라 정녕히 네 장래가 있겠고 네 소망이 끊어지지 아니하리라"(잠 23:17-18)고 하시고, 또 "여호와의 말씀이니라 너희를 향한 나의 생각을 내가 아나니 평안이요 재앙이 아니니라 너희에게 미래와 희망을 주는 것이라 너희가 내게 부르짖으며 내게 와서 기도하면 내가 너희들의 기도를 들을 것이라"(렘 29:11-12)고 말씀하셨습니다.

그들에게 혹시 허물이 있습니까? 용서하여 주시옵소서. 그리고 희망을 잃고 방황하는 처연한 청·장년들이 하나님을 경외하고 미래와 희망을 담보하신 하나님께 엎드려 부르짖게 하여 주시옵소서. 그들의 기도를 들으시는 여호와 하나님께만 소망을 두고 기도하게 하여 주시옵소서.

그리하여 "믿음은 바라는 것들의 실상이요 보이지 않는 것들의 증거"(히 11:1)임을 삶으로 체험하게 하여 주시옵소서.

77 폭력자들

이전에 받은 피해 때문에 평생 동안 아픔을 안고 살아야 하는 폭력의 피해자들이 많이 있습니다. 어떤 폭력이든 사회적 불안을 가중시키고 연쇄 폭력을 유발하므로 조직폭력, 학교폭력, 성폭력, 가정폭력, 인터넷폭력, 언어폭력, 직장 왕따, 불량식품 등 유형무형의 반사회적 폭력자들의 죄악을 참회하며 기도합니다.

성폭력과 가정폭력으로 인해 가정이 파괴되고 개인은 씻을 수 없는 상처를 받고, 학교폭력으로 많은 학생들이 자살하고 있습니다.

새 사람 되게 하시는 하나님,

피해자들을 불쌍히 여겨 주시옵소서. 그들을 어루만져 주시고 치유하여 주시옵소서. 폭력자들이 진심으로 잘못을 뉘우치고 예수님께로 돌아오게 하여 주시옵소서. 그들도 살기가 등등했던 폭행자 사울이 변하여 사랑의 바울이 된 것처럼 예수님을 전인격적으로 확실하게 만나 심히 통곡하며 회개하는 놀라운 역사가 일어나게 하여 주시옵소서.

사도 바울은 "나를 능하게 하신 그리스도 예수 우리 주께 내가 감사함은 나를 충성되이 여겨 내게 직분을 맡기심이니 내가 전에는 비방자요 박해자요 폭행자였으나 도리어 긍휼을 입은 것은 내가 믿지 아니할 때에 알지 못하고 행하였음이라……죄인 중에 내가 괴수니라"(딤전 1:12-15)고 참회하였습니다.

  이 나라의 폭력자들도 복음을 듣고 예수님을 영접하고 진리를 몰라 저지른 죄악을 어서 속히 깨달아 바울처럼 참으로 회개하여 새 사람들이 되게 하여 주시옵소서. 그리하여 이 땅이 폭력이 없는 평화로운 세상, 지상낙원이 되게 하여 주시옵소서.

78 수형자들

  전국 교도소에서 수형 생활을 하고 있는 사람들을 위해 참회하고 간구합니다.

  곰곰이 생각해 보면 세상 밖에서 살고 있는 저희들이나 교도소 안에서 복역을 하고 있는 사람들이나 다 비슷한 죄인들이라고 생각합니다. 다만 저희들은 들키지 아니한 죄인들이며, 그들은 붙잡힌 죄인들이라는 생각을 하게 됩니다.

  사랑의 하나님,

  "회개하라 천국이 가까이 왔느니라"(마 4:17)고 성경은 말씀하십니다. 그들이나 저희들이나 함께 처절한 마음으로 회개하게 도와주시옵소서.

  또 "죄의 삯은 사망이요 하나님의 은사는 그리스도 예수 우리 주 안에 있는 영생이니라"(롬 6:23)고 말씀하셨습니다.

이 말씀대로 죄의 대가는 멸망이오니 다시는 죄를 짓지 않도록 말씀에 붙잡혀 살게 하시며, 하나님을 바르게 믿고 영생의 복락을 누리며 살게 하여 주시옵소서.

79 미혼모, 독거노인, 노숙자들

미혼모, 독거노인, 노숙인들을 위해 기도하고 참회합니다.

의지할 곳 없는 이들을 불쌍히 여겨 주시옵고, 하늘의 천사들을 통하여 도움을 받을 수 있도록 축복하여 주시옵소서.

성경은 "그가 내게 간구하리니 내가 그에게 응답하리라 그들이 환난 당할 때에 내가 그와 함께하여 그를 건지고 영화롭게 하리라"(시 91:15)고 말씀하셨습니다.

앞이 칠흑같이 캄캄할 때 믿음으로 힘차게 찬송하게 하시고, 히스기야 왕처럼 벽을 향하여 오직 주님께만 향하여 눈물로 간구하게 하시고, 그때 기도를 응답하시는 기적을 체험하여 많은 인생의 문제를 해결받게 하여 주시옵소서. 사람이 떡으로

만 사는 것이 아니라 하나님의 입에서 나오는 말씀으로 사는 진리를 고통 중에 깨닫게 하여 주시옵소서.

혹시 이들에게 무슨 실수와 허물이 있습니까?
참회할 때 용서하여 주시고, 심령에 그리스도의 영광의 복음의 광채를 비춰주시옵고, 어디서나 좋은 사람들을 만나게 하여 주시옵소서. 성령 하나님의 도우심으로 자립자족하게 하시고, 앞으로의 인생을 아름답고 건강하게 살게 하여 주시옵소서.
이들이 약속하신 말씀을 붙들고 기도하는 중에 새 소망, 새 비전, 새 능력, 새 영감, 새 변화를 받아 자신들과 같이 소외된 이웃을 찾아, 그리스도의 말씀으로 위로하고, 사랑을 전하며, 믿음과 기쁨과 생명력이 넘치는 삶을 살게 하여 주시옵소서.

80 고아·입양아·장애인을 위해

고아와 해외 입양아와 장애인들을 위해 기도하고 참회합니다.
자비와 긍휼이 풍성하신 여호와여,
이 땅의 모든 고아들과 해외 입양아들과 장애인들을 꼭 기억해 주시옵고 불쌍히 여겨 구원하여 주시옵소서.

고아의 아버지 되시는 여호와여,

그들의 애통함을 기억해 주시고 황량한 광야에서 굶주려 죽으려 할 때 울부짖어 기도했던 모세와 이스라엘 백성들처럼, 인간의 생사화복을 주관하시는 하나님께 울부짖어 간구할 수 있는 큰 믿음을 허락해 주시옵소서.

혹시 그들의 부모들에게 허물이 있습니까?

회개의 영을 부어 주시어 참회할 수 있도록 인도하여 주시옵고, 이들과 화해하게 하여 주시옵소서.

하나님,

부모에게 버림을 받은 그들이 암흑 같은 절망, 소망이 전혀 보이지 아니할 때 깊이 간구함으로 성경대로 크고 비밀한 일을 보여 주시고(렘 33:3), 사막에 길이 나게 하시며, 반석에서 생수가 콸콸 터져 나오는 기적이 일어나게 하여 주시옵소서.

성경은 "여호와께서 엘리야를 통하여 하신 말씀같이 통의 가루가 떨어지지 아니하고 병의 기름이 없어지지 아니하니라"(왕상 17:16)고 말씀하셨습니다. 그들이 어느 나라 어느 곳에서 살든지 하나님을 진실로 경외함으로 어떤 환난과 고통이 다가올지라도 항상 통의 가루와 병의 기름이 떨어지지 않도록 채워 주시옵소서.

항상 필요를 채우시는 하나님을 체험하고 감사하며 살게 하여 주시옵소서(빌 4:19).

또한 장애인들을 친히 안수하사 완전히 병 고침을 받고 영육간에 새 사람이 되게 하여 주시옵소서.

81 영세 노점상·환경미화원들

주님,

영세 노점상들과 환경미화원들을 위해 기도하고 참회합니다.

노점상들은 생계를 위해 어쩔 수 없이 길거리에서 장사를 하는 사람들이며 하루 벌어 하루 사는 사람들입니다. 마음 놓고 생업을 이어갈 수 있도록 제도적으로 보호받게 하여 주시옵소서. 길거리에서 장사를 하다가 어쩔 수 없이 지은 허물이 있습니까? 용서하여 주시옵소서. 예수님께서도 이 넓은 세상에 머리 둘 곳이 없다고 탄식을 하셨습니다(마 8:20).

한편 환경미화원들은 더럽혀진 길거리를 깨끗하게 청소하는 사람들입니다. 이들을 생각하면서 내 마음이 죄와 허물로 더러워져 있음을 먼저 보게 하여 주시니 거듭 감사를 드립니다. 때

묻은 저희들의 영과 육을 깨끗이 청소하게 하여 주시옵소서. 세상을 깨끗이 청소하는 환경미화원들의 사랑의 수고와 눈물을 기억하여 주시고, 이들이 자손대대로 주 예수를 믿고 하나님이 예비하신 복을 누리며 살게 하여 주시옵소서.

이들의 삶의 모습을 통하여 "진심으로 회개하여 네 더러워진 마음과 생각과 몸을 깨끗이 청소할지어다" 하는 주님의 안타까운 음성(레마, Rhema)을 저희들이 들을 수 있도록 인도하여 주시옵소서.

하나님은 작은 자를 사랑하시고 외모로 판단하지 아니하오니 노점상과 미화원들, 이들이 아브라함과 같은 믿음을 갖게 하시어 그와 같은 복의 통로가 모두 되게 하여 주시옵소서.

나아가 죽은 자를 살리시고 없는 것을 있는 것처럼 부르시며 불가능을 가능케 하시는 전능하신 하나님이시여!

노점상들과 환경미화원들이 힘든 시련 가운데서 참회하고 기도할 때 어부 출신 베드로처럼 성령 충만함을 받아, 그동안 먹여 살리신 구원의 은총에 대해 감사하며 성령의 감화와 권능의 부으심을 받고, 길거리에서 일하면서 찬송하고, 일하면서 기도하며,

"주 예수를 믿으라 그리하면 너와 네 집이 구원을 받으리라" (행 16:31), "회개하라 천국이 가까이 왔느니라"(마 3:2, 4:17) "마음이 청결(회개)한 자는 복이 있나니 그들이 하나님을 볼 것임이요"(마 5:8)라고 복음을 전하며 참회를 촉구하는 살아 움직이는 거리의 전도자들이 다 되게 하여 주시옵소서.

그리고 아브라함의 믿음을 생각하사 유황불로 멸망을 당한 소돔 땅에서 그의 조카 롯을 건져 살리신 하나님께서(창 19:29), 노점상들과 환경미화원들의 믿음을 생각하사, 그들이 복음을 전할 때마다 많은 사람들이 주님께로 참회하고 돌아오는 구원의 역사가 일어나게 하여 주시옵소서.

그리하여 하나님께서 그들을 길거리에서 일하게 하신 하나님의 뜻을 크게 깨닫고, 더욱 감사하며 힘차게 주님을 찬양하고 복음을 전파하는 아름답고 능력 있는 거리의 전도자들이 되게 하여 주시옵소서!

82 다문화 가정들을 위해

다문화 가정을 위해 기도하며 참회합니다.

국제결혼을 하고 이 땅에 살고 있는 외국인들이 한국문화에 잘 적응할 수 있도록 믿음과 지혜와 총명을 충만히 허락해 주시옵소서.

그들이 처음에 어떤 이유로 한국에 왔든지 간에 이곳에서 많은 교회의 십자가를 발견하게 하시고, 한국이 하나님을 믿음으로 인해 이렇게 부강하게 살고 있음을 깨닫게 하여 주시옵소서. 이 땅에서 사는 동안에 법을 잘 몰라서 지은 허물이 있습니까? 이를 용서하여 주시옵소서.

성경은 "믿음은 들음에서 나며 들음은 그리스도의 말씀으로 말미암았느니라"(롬 10:17)고 하였습니다.

대부분 이슬람교를 믿는 그들이 이곳 한국에서 선한 목회자와 성도들을 만나 복음을 듣게 하시고, 예수가 그리스도(구세주)임을 깨닫게 하여 주시옵소서.

대한민국 국민의 한 사람으로서 자긍심을 갖게 하시고, 예수 그리스도를 영접하여 구원의 확신을 갖고, 좋은 교회를 만나 그들의 뜨거운 신앙의 열심을 따라 배우게 하여 주시옵소서. 그리고 나서 고향 땅으로 달려가 고국의 부모 형제들에게도 살아 계신 하나님을 증거하는 위대한 복음전도자들이 되게 하여 주시옵소서.

 아무쪼록 예수를 믿고, 마음의 평강과 진리를 깨달아 영혼 구원의 참된 뜻이 무엇이며, 참 행복이 무엇인지를 깊이 깨닫게 하여 주시옵소서. 그리하여 이슬람 교도들과 다른 이교도들이 개종하여 참된 그리스도인들이 다 되게 하여 주시옵소서.

83 미신에 빠져

 아름다운 우리나라 삼천리 금수강산을 창조하실 때에 금강산처럼 풍광이 수려한 산과 강과 바다를 지으시고, 비옥한 한반도에 조상들의 발걸음을 친히 인도하시고 정착하여 살게 하신 전능하신 하나님께 먼저 찬송과 감사와 영광을 드립니다.
 복음이 이 땅에 들어오기 전에는 조상들은 하나님을 경외할 줄 몰라 산의 나무와 돌들을 우상으로 섬겨 왔으며, 다른 미신들을 숭배하는 샤머니즘에 빠져 여호와를 슬프게 하는 나라가 되고 말았습니다. 조상들의 무지와 우상숭배에 대하여 저희들이 대신하여 선지자 느헤미야처럼 참회하오니 용서하여 주시옵소서.
 그리고 오늘날 이 세대의 죄상과 우리들의 죄를 통렬히 회개하오니, 우리 모두의 우상을 철폐하여 주시고 거룩한 하나님의 나라가 굳건히 이 땅 위에 건설될 수 있도록 인도하여 주시옵소서.

성경은 "네가 만일 네 하나님 여호와를 잊어버리고 다른 신들을 따라 그들을 섬기며, 그들에게 절하면 내가 너희에게 증거하노니 너희가 반드시 멸망할 것이라"(신 8:19)고 경고하셨습니다.

이 말씀을 묵상하며 조상과 민족이 미신에 빠져 다른 신들을 섬겼던 일에 대하여 다시 한 번 눈물로 참회하오니 용서하여 주시옵소서. 지금 이 세대들이 하나님만을 믿고 예수 그리스도를 따라 살아가는 하나님의 참된 백성들이 되게 하여 주시옵소서.

84 장기 입원 환자들

병원에 장기 입원하여 가족들이 어려움을 겪고 있는 중증환자들, 특히 뇌졸중, 치매, 정신병환자, 암환자들을 위해 기도하며 참회합니다.

치료가 거의 불가능한 질병들로 인해 본인은 물론 가족들도 불안에 떨며 경제적 부담도 가중되어 우울한 나날을 보내고 있습니다.

성경은 "믿음의 기도는 병든 자를 구원하리니 주께서 그를 일으키시리라 혹시 죄를 범하였을지라도 사하심을 받으리라"(약 5:15)고 하시고, 또 "그러므로 너희 죄를 서로 고백하며 병이 낫기를 위하여 서로 기도하라 의인의 간구는 역사하는 힘이 큼이니라"(약 5:16)고 말씀하셨습니다.

이 말씀에 따라 이 땅의 모든 중증환자들이 참회하며 부르짖어 기도하여 치유 받는 기적의 역사가 일어나게 하여 주시옵소서.

또한 "무엇이든지 기도하고 구하는 것은 받은 줄로 믿으라 그리하면 너희에게 그대로 되리라"(막 11:24)고 하신 말씀대로 응답하여 주시는 하나님이심을 다시 한 번 나타내 주시옵기를 간절히 기도합니다.

치유하시는 하나님!

장기 입원 환자들을 고쳐 주시옵소서. 그리하여 여호와가 하나님이신 줄을 알게 하여 주시옵소서.

85 희귀성 난치병 환자들

희귀성 난치병으로 고통당하는 환자들을 위해 간구하고 참회합니다.

전에는 들어보지도 못한 희귀한 난치병으로 신음하는 사람들이 의외로 많이 있습니다.

전능하신 하나님!

성경은 "하나님의 나라는 말에 있지 아니하고 오직 능력에 있음이라"(고전 4:20)고 말씀하셨습니다. 그리고 또 성경은 "내가 기뻐하는 금식은 흉악의 결박을 풀어주며 멍에의 줄을 끌러주며, 압제당하는 자를 자유하게 하며, 모든 멍에를 꺾는 것이 아니겠느냐 또 주린 자에게 네 양식을 나누어 주며 유리하는 빈민을 집에 들이며 헐벗은 자를 보면 입히며 또 네 골육을 피하여 스스로 숨지 아니하는 것이 아니겠느냐 그리하면 네 빛이 새벽같이 비칠 것이며 네 치유가 급속할 것이며 네 공의가 네 앞에 행하고 여호와의 영광이 네 뒤에 호위하리니"(사 58:6-8)라고 말씀하고 있습니다.

이 말씀대로 희귀성 난치병 환자들의 치유를 위하여 저희가 특별히 금식하며 이웃을 구제하며 간구할 때, 깨끗이 씻음을 받는 놀라운 치유의 역사가 나타나게 하여 주시옵소서.

하나님의 약속의 말씀은 어제도 오늘도 동일한 약속의 말씀인 줄로 굳게 믿으며, 여호와의 영광이 충만히 나타나기를 간절히 기도합니다.

다

경제 분야

86 불공정·불합리한 경제활동

경제활동을 하고 있는 대기업인들과 중소 상공인들을 위해 기도합니다.

이들은 나라의 경제 발전과 한강의 기적을 이루는 데 큰일을 감당한 사람들입니다. 그러나 "여호와는 죽이기도 하시고 살리기도 하시며……가난하게도 하시고 부하게도 하시는"(삼상 2:6-7) 전능하신 하나님임을 철저히 깨달아 스스로 죄인 됨을 알고 참회하여 구원받게 하여 주시옵소서.

주여!

그동안 불합리하게 경제활동을 한 사람들이 있습니까? 진실로 회개하고 성령을 받아 정직하며 지혜롭게 경제활동을 하여 경제정의를 실천하게 하여 주시옵소서. 또한 그들이 지금까지보다 더 창의적이고, 미래지향적이며, 개혁적인 경제활동의 모델을 제시함으로써 더욱 부강한 나라 건설에 크게 기여하는 역군들이 되게 하여 주시옵소서.

모든 것이 다 하나님께로부터 왔음을 다시 한 번 깨닫고 경제인들이 나눔의 사랑을 실천함으로써 약육강식의 냉혹한 경제적 여건에서도 예수 그리스도의 사랑의 눈물을 생각하며 소외된 이웃을 환난 중에 돌아보고, 구제하는 경건한 하나님의 백성들이 되게 하여 주시옵소서(약 1:27).

라

교육 분야

87 공교육의 실패

공교육의 실패를 생각할 때에 답답한 마음을 금할 길이 없습니다.
여호와 하나님!
공교육의 실패는 교육 당국자들뿐만 아니라 교사와 학부모와 학생들, 모두의 책임이라고 생각합니다. 모두 함께 '내 탓이라'고 참회하게 하여 주시옵소서.

주여,
간구하오니 초등학교부터 대학에 이르기까지 교직원들이 사명감을 갖고 치열하게 소명을 다하게 하시되, 사도 바울처럼 성령의 감동을 받아 겸손과 눈물로 가르치게 하여 주시옵소서.

교사들 자신이 말씀과 기도를 통해 공급해 주시는 위대한 비전과 꿈과 영감을 깨닫고 능력을 받아 세계 제일의 꿈을 꾸며 계속 분투, 노력하여 세계적인 명문학교로 발전시킬 수 있도록 인도하여 주시옵소서.

학생들에게는 기독교적 세계관을 가지고 새 소망, 새 비전을 갖도록 격려하고 권면하여 창조적이며 생산적인 사회의 일꾼으로 세우는 귀한 교사들이 되게 하여 주시옵소서.

학부모들도 하나님을 경외하는 것이 지식의 근본임을 깨닫고, 모든 것을 미리 준비하시는 "여호와 이레"(창 22:14)의 하나님을 알고, 범사에 감사하며 항상 기뻐하고 늘 정신을 차리고 자녀들과 함께 깊이 오래도록 기도하게 하여 주옵소서. 또한 하나님께 순종함으로 지혜와 계시의 영의 인도하심에 따라 지혜롭게 자녀들을 지도하게 하여 주시옵소서.

그리하여 공교육의 실패를 거울삼아 이제껏 해온 세상적이며, 인간적인 교육 방법을 지양하고, 솔로몬처럼 먼저 지극정성으로 일천번제를 드리고 하늘의 지혜를 구하게 하여 주시옵소서(왕상 3:4-13). 다른 한편으로는 다니엘처럼 철저히 시종여일하게 하나님을 경외하고 쉬지 않고 기도하여, 학문과 지혜와 명철을 공급받고 새 환상(vision)과 새 꿈을 깨닫게 하여 주시옵소서 (단 1:17). 또 한편으로는 바울처럼 성령의 감동을 받아 겸손과 사랑의 눈물(행 20:19-21)로 가르침으로써, 이 모든 것이 합력하여 성공적인 공교육이 이루어지도록 역사하여 주시옵소서.

마

과학 분야

88 진화론학자들

성경은 태초에 하나님이 천지를 창조하시고, 마지막에 인간을 자기의 형상대로 창조하신 후에 그들에게 복을 주시고 바다의 물고기와 하늘의 새와 땅에 움직이는 모든 생물을 다스리라고 기록하고 있습니다(창 1:1, 28).

여호와 하나님!
19세기 진화론자들은 이를 부인했습니다. 영국의 다윈(Charles Robert Darwin, 1809-1882)은 1859년 《종의 기원》이라는 자신의 저서에서 "지금 살고 있는 생물들은 긴 세월을 두고 계속 변해왔기 때문에, 과거에 살았던 생물과는 다르며 또한 지난날에 살았던 많은 생물들은 사라져 지금은 없고, 현재 살고 있는 모든 생물들은 하등생물들로부터 '자연선택(도태)'의 과정을 거쳐 진화한 것이다"라고 주장했습니다. 이어서 그는 1871년에 낸 《인류의 계통》(The Descent of man)이라는 책에서 인류는 원숭이와 동일한 선조로부터 진화했다고 역설했습니다.

주여!

다윈이 진화론을 발표하자 많은 사람들, 특히 기독교 지도자들이 강력하게 반발했고, 온 유럽사회는 진화론에 대한 논쟁으로 뜨거워졌습니다.

진화론의 요점은 첫째, 같은 종(種)일지라도 환경에 잘 적응하는 생물체는 살아남는다는 것입니다. 이것이 '적자생존'(survival of the fittest)이고, '자연선택(도태)'(natural selection)이라는 것입니다. 둘째는, 유전적 변화나 변이 등에 의해 자연선택이 거듭되면 새로운 종으로 진화한다는 것입니다. 진화론은 처음 발표되었을 때는 말할 것도 없지만 지금도 논쟁이 계속되고 있습니다.

하나님!

진화론이 발표된 이후에 진화에 대한 연구가 세계적인 붐이 되었으며, 진화의 원인에 대한 이론이 계속 알려졌으나, 생물학이 발전함에 따라 약육강식 등 그의 이론이 진화론을 완전히 설명하는 데 한계가 있음을 깨닫게 되었습니다. 그런 과정에서 과학자와 신학자들 사이에 진화론과 기독교가 충돌되지 않는다는 인식이 차츰 퍼져 나갔습니다.

이 결과 진화적 창조론을 주장하는 학자들도 등장한 것입니다. 이를 지지하는 대표적인 학자로는 예수회 수사이면서 고생물학자이며 지질학자였던 샤르댕(Pierre Teihard Chardin, 1881-1955)과 하버드 대학의 유전학자 도브잔스키(Theodosius Dobzhansky, 1900-1975)가 있었습니다.

도브잔스키는 1973년 "진화의 조명이 없으면 생물학은 의미가 없다"라는 유명한 글에서 진화적 창조론을 주장했습니다. 또한 "나는 창조론자인 동시에 진화론자이다. 진화는 신과 자연의 창조 방법이다. 창조는 6000년 전에 이루어진 것이 아니다. 수십억 년 전에 있었고, 지금도 진행되고 있다.

진화론은 신앙과 충돌하는 것이 절대로 아니다. 진화의 부정은 천문학, 지질학, 인류학의 기본교과서인 성서의 신성한 창조 기록을 잘못 판단하는 실수이며, 창조주를 속이는 신에 대한 불경이다"라고 말했습니다.

진화론자들은 지구상에 현재 약 1,000만 종의 생명체가 살고 있지만 그들의 공통 조상은 37억 년 전에 탄생한 최초의 단

세포 생물이었다고 주장합니다. 이 생명체는 장구한 시간이 지나는 동안 끊임없이 진화를 거듭하여 오늘의 생물체의 모습이 되었다고 말하고 있습니다.

다윈은 진화이론의 핵심으로 '적응과 자연선택(도태)'이라는 용어를 사용했습니다. 자연환경에 잘 적응하는 생물체가 선택적으로 살아남게 된다는 것입니다. 이 같은 이론에 이어 멘델의 유전법칙이 발견되자 진화이론은 더욱더 힘을 받게 되었습니다.

다윈 이후에 진화를 증명하려는 고생물학과 동식물의 해부학이 크게 발전되었고, 20세기가 되면서, 자연의 법칙, 즉 생물학, 분자생물학(DNA), 유전공학, 돌연변이 등에 대한 지식이 뒷받침되어 현대의 진화이론은 체계를 갖추어가는 새로운 모습으로 변모해 가고 있습니다.

하나님 아버지!

어떤 진화론자는 DNA연구를 비롯한 여러 가지 연구 결과를 검토해 보면 우리가 원숭이 집단에 속하지 않고 유인원 집단에 속한다는 것을 입증하고 있다고 주장하고 있습니다. 인류의 조상은 유인원이라는 것입니다.

그럼에도 불구하고 창조론자들은 '사실 모든 것은 진화하지도 않았고 창조되었을 뿐이다. 생물계에서 부분적으로 진화가 진행되었다고 하더라도 그것까지도 결코 우연이라 할 수 없는 것이다'라고 주장합니다. 왜냐하면 그것마저도 하나님께서 그렇게 되도록 하셨을 수 있기 때문입니다. 그래서 오늘날 과학자들은 '진화는 신이 생명체를 창조하는 도구'라고 생각하는 진화적 창조론을 지지하는 경향을 보이고 있는 것 같습니다.

그들은 또 진화적 창조론의 예를 화석에서 찾고 있습니다. 개의 경우에 유전학자들은 개와 늑대, 코요테 등(개과에 속한 동물들)의 유전자와 화석을 조사한 결과 약 10만~15만 년 전에 개의 조상이 탄생했을 것으로 추정하고 있습니다. 개 중에 가장 체형이 작은 '치와와' 품종과 대형견 '아이리쉬 울프 하운드' 또 인상이 무서운 '불도그'를 나란히 두고 보면, 이들 셋이 같은 종(개)이라고 믿어지지 않을 정도로 크게 다르다는 것입니다.
여호와 하나님!
현대사회는 창조냐? 진화냐? 하는 문제로 아직도 의견이 분분합니다.

성경은 "태초에 하나님이 천지를 창조하시니라"(창 1:1)고 하셨고, "하나님이 이르시되 땅은 생물을 그 종류대로 내되(let the earth bring forth living creatures of every kind) 가축과 기는 것과 땅의 짐승을 종류대로 내라 하시니 그대로 되니라"(창 1:24)고 분명히 말씀하고 계십니다. 또 "하나님이 땅의 짐승을 그 종류대로, 가축을 그 종류대로, 땅에 기는 모든 것을 그 종류대로 만드시니(God made the wild animals of the earth of every kind)"(창 1:25)라고 기록하고 있습니다.

이 말씀들을 종합적으로 살펴볼 때, 하나님께서 만물을 창조하시는 과정에 창조의 섭리, 곧 유전학 등 자연의 법칙을 통해 부분적으로 진화를 허용하신 것으로 생각됩니다.

만물을 창조하신 여호와여!

그래서 종국에 가서는 자연계의 창조의 법칙에 따라 하나님께서 모든 것이 합력하여(롬 8:28) 모든 생물을 만드셨다고(창 1:25) 이해하면 되겠습니까? 저희들은 전문적인 지식을 가진 과학자나 신학자가 아닙니다. 다만 성경의 말씀을 묵상하며 주님이 주신 지혜와 영감을 가지고 생각하고 판단하는 것뿐입니다.

천지의 주재이신 여호와여!

잠깐 있다가 없어질 먼지 같은 존재인 저희들이 어찌 하나님의 창조의 세계를 다 헤아릴 수 있겠습니까? 창조의 놀라운 섭리와 비밀을 어떻게 다 깨달을 수 있겠습니까?

주여!

빌고 원하오니, 기기오묘한 창조의 과정에서 부분적인 진화가 이루어졌다고 하더라도, 본질상 이것조차도 태초에 천지를 창조하실 때에 무한대의 창조의 세계를 섭리하시고, 자연의 법칙도 주님께서 예비하신 창조의 섭리임을 깨닫게 하여 주시옵소서.

성경에서 "땅 위의 모든 생물체들을 만드시니 보시기에 좋았더라"(창 1:25)고 하신 말씀이, 영원불멸의 진리의 말씀임을 믿게 하시고 믿어지게 하여 주시옵소서. 그리하여 거룩하시고, 전능하시며, 오묘하시고 모든 것을 섭리하시는 하나님의 정체성을 조금이나마 더 깨달아 알게 하여 주시옵소서.

여호와 하나님이시여!

창조의 섭리 가운데 부분적으로 나타난 진화의 현상을 진화론자들이 침소봉대하여 일부를 전체인 양 착각하고, 전능하신 창조주 하나님을 좁은 인간의 생각 속에 가두어두는 어리석음과 교만을 깊이 깨닫게 하여 주시옵소서.

그래서 모든 만물을 창조하시고, 섭리하시며, 다스리시는 하나님 앞에 절대 겸손하며, 두렵고 떨림으로 성전에 들어가 그동안의 믿음 없음과 불순종과 범죄함을 회개하게 하여 주옵소서.

마지막 때에 있을 하나님의 무서운 심판을 생각하며 생명을 걸고 피눈물 뿌려 참회하고, 마침내 진화론자들이 모두 다 돌이켜 창조론자들이 되게 하여 주시옵소서.

참고문헌

《창조론의 실체》 안병양 저, 도서출판 세줄.

《창조와 진화》 양승훈 지음, SFC.

《창세기의 과학, 창조의 자연법칙》 윤실 지음, 전파과학사.

바

국방 분야

89 국군 장병들을 위해

　전·후방에서 목숨을 걸고 국토방위에 여념이 없는 육·해·공군 60만 장병들을 위해 기도하고 참회합니다.
　휴전선 155마일에 걸쳐 적과 대치하고 있는 장병들과, 하늘과 바다에서 조국의 부름을 받아 힘든 생활을 하고 있는 해·공군 장병들이, 엄한 군의 규율과 혹독한 훈련에 잘 적응하고 임무를 수행하여 천하무적의 강군이 되게 하여 주시옵소서.

　특히 군 생활 중에 낙심하거나 절망하지 않도록 붙들어 주시고, 크고 작은 시련 속에서 하나님의 음성을 듣게 하여 주시옵소서.
　선한 사람들을 만나 군인교회에 출석하게 하여 주시어 좋은 지휘관과 동료들과 교제하며 위로받게 하시고, 거기서 뜨겁게 기도하며 찬양할 때 살아 계신 하나님을 전인격으로 만날 수 있도록 인도하여 주시옵소서. 혹시 그들에게도 허물이 있습니까? 용서하여 주시옵소서.

성경은 "하나님이 말씀하시기를 말세에 내가 내 영을 모든 육체에 부어주리니 너희 자녀들은 예언할 것이요 너희 젊은이들은 환상(비전, vision)을 보고 너희 늙은이들은 꿈을 꾸리라"(행 2:17)고 말씀하셨습니다.

아무쪼록 하나님께서 이와 같이 성경 말씀을 통하여, 신령한 주의 종을 통하여, 또는 이루어지는 모든 일들을 통하여 말씀하시는 음성(레마, Rhema)을 국군 장병들 모두가 들을 수 있도록 역사하여 주시옵소서.

죽은 자를 살리시고, 없는 것을 있는 것처럼 부르시는 주님을 만나는 기적을 체험하게 하여 주시옵소서(롬 4:17).

그리하여 새 생명을 받아 새 소망, 새 비전을 가지고 하나님 나라와 조국을 지키는 거룩한 사명을 온전히 감당하는 장병들이 될 수 있도록 축복해 주시옵소서.

아울러 그들이 전군 복음화의 첨병들이 될 수 있도록 성령이 강하게 역사하여 주시옵소서.

사

치안 분야

90 경찰과 소방대원들을 위해

경찰과 119 소방대원들을 위해 간구하고 참회합니다.

위험하고 과중한 업무로 인하여 매년 많은 희생자들이 발생하고 있는 실정입니다.

하나님 아버지, 이들의 방패와 산성이 되어 주시며 구원의 뿔이 되어 주시옵소서.

성경은 "네가 물 가운데로 지날 때에 내가 너와 함께할 것이라 강을 건널 때에 물이 너를 침몰하지 못할 것이며 네가 불 가운데로 지날 때에 타지도 아니할 것이요 불꽃이 너를 사르지도 못하리니"(사 43:2)라고 말씀하셨습니다.

이 말씀대로 이들이 불 가운데로 행할 때에 머리카락 하나라도 타지 않게 하여 주시고, 물 가운데로 지날 때 침몰하지 않게 하시며, 뱀과 전갈이 우글거리는 광야를 통과할 때에도 해를 받지 않도록 보호하여 주시옵소서.

이들에게도 혹시 허물이 있습니까? 용서하여 주시고 예수님을 믿음으로 모두 구원을 받게 하여 주시옵소서. 영과 육이 구원을 받아 총체적인 구원, 전인적인 구원을 받게 하여 주시옵소서.

참담한 사건 사고 현장에서 문제를 해결받고, 고난 중에 살아 계신 하나님을 만나는 체험을 하며, 이 사회에 빛과 소금이 되는 역군이 되게 하여 주시옵소서.

아

북한 문제에 대해

91 납북자와 국군 포로들을 위해

1950년 6·25 전쟁 때 북한으로 끌려간 납북 인사들과 국군 포로들을 위해 눈물 뿌려 간구하고 참회합니다.

저희들을 불쌍히 여기시는 하나님,

한국전쟁 때 수만 명의 납북 인사들과 국군 포로들이 북으로 끌려갔습니다. 이들의 대부분은 이미 세상을 떠났으며, 아직도 일부 납북자들과 수백 명의 국군 포로들이 북한에서 억류생활을 하고 있다고 합니다. 이제까지 생존하고 있는 사람들을 조국의 품으로 어서 속히 돌아올 수 있도록 주님께서 모든 여건을 만들어 주시옵기를 간절히 빌고 원합니다.

옛날 이스라엘 백성들은 바벨론으로 포로로 잡혀갔다가 70년 만에 고국으로 귀환할 수 있었습니다. 한국전쟁이 일어난

지 어언 60여 년이 되었습니다. 하루 빨리 저들을 고향 땅 남쪽으로 돌아오게 하여 주시옵소서.

동토의 왕국, 북녘 땅에서 그들이 겪는 참상은 말로 다할 수 없는 형편입니다.

대북소식통에 의하면 북으로 끌려간 대분분의 사람들이 처형당했으며, 적지 않은 사람들은 석탄광산에서 팔다리가 절단되는 사고를 당하였고, 그외에 정치범 수용소에서는 참혹한 고문과 박해로 짐승같이 살아가고, 병들어 죽고, 영양실조와 매맞음, 강제 노역 등으로 그들의 고통의 신음 소리가 하늘을 찌르고 있다고 합니다.

사도 바울은 "우리가 사방으로 욱여쌈을 당하여도 싸이지 아니하며 답답한 일을 당하여도 낙심하지 아니하며 박해를 받아도 버린 바 되지 아니하며 거꾸러뜨림을 당하여도 망하지 아니하리라"(고후 4:8-9)고 신앙고백을 하고 있습니다.

이어서 "그가 이같이 큰 사망에서 우리를 건지셨고 또 건지실 것이며 이후에도 건지시기를 그에게 바라노라"(고후 1:10)고 말함으로써, 하나님이 지금까지 자신을 건져주셨으니 앞으로도 지켜주실 것을 믿는다고 확신하며 고린도교회를 위로하였습니다.

하나님 아버지!

바울의 하나님이 그들의 하나님이 되어 주셔서 살아남은 그들을 앞으로도 눈동자처럼 지켜 주시옵기를 간절히 기원합니다. 피눈물을 씻어 주시며, 병든 자를 치료하여 주시고, 주린 자에게 양식을, 헐벗은 자에게 따뜻한 의복을, 매 맞는 자에게는 방패가 되어 주시옵소서.

그동안 저희들이 사랑이 없어 그들을 위해 진정으로 사랑의 눈물로 기도하지 못한 죄와 허물을 용서하여 주시옵고, 이제라도 저희들의 중보기도를 응답하시어 많은 문제를 해결하여 주심으로 예수 그리스도는 거룩한 해결사이심을 확실하게 알게 하여 주시옵소서.

성경은 "그가 시험을 받아 고난을 당하셨은즉 시험받는 자들을 능히 도우실 수 있느니라"(히 2:18)고 말씀하셨습니다.

이 같은 하나님의 말씀을 천사를 통해 전해 듣게 하심으로 하늘의 큰 위로를 받게 하여 주시옵소서.

불같은 시험의 때에 '다윗의 자손 예수시여, 나를 계속 건져 살리소서'라고 부르짖게 하시고 응답해 주심으로, 그들을 능히 악에서 건져 살려 주시며 속히 한국으로 귀환할 수 있도록 역사하여 주시옵소서.

92 탈북자들을 위해

탈북자들의 국내 정착과 그들의 신앙을 위해 기도하고 참회합니다.

북한을 탈출하여 산 넘고 강 건너 목숨을 걸고 한국에 들어온 2~3만여 명의 탈북자들이 있고, 또 수십만에 달하는 탈북자들이 아직도 중국과 동남아를 비롯한 전 세계를 방황하며 벼랑 끝에 내몰려 있다고 합니다.

사랑의 하나님 아버지시여!
탈북자들이 한국으로 들어오는 험난한 과정 속에서 혹시 그들에게 무슨 허물이 있었습니까? 그들의 허물과 죄를 용서하여 주시옵소서. 한국에서 잘 적응하지 못하고 방황하는 사람들도 많이 있다고 합니다. 그들은 탈북보다도 국내 정착 과정이 훨씬 더 힘들다고 눈물로 호소하고 있습니다. 그래서 일부 몇 사람들은 안타깝게도 재입북하는 경우도 있었습니다.

주여!

그들이 국내에서 잘 정착할 수 있도록 지혜와 능력과 기회와 용기를 허락하여 주시기를 간절히 기도합니다.

성경은 "여호와께서 사람의 걸음을 정하시고 그의 길을 기뻐하시나니 그는 넘어지나 아주 엎드러지지 아니함은 여호와께서 그의 손으로 붙드심이로다"(시 37:23-24)라고 하시고, 또 "두려워하지 말라 내가 너와 함께함이라 놀라지 말라 나는 네 하나님이 됨이라 내가 너를 굳세게 하리라 참으로 너를 도와주리라 참으로 나의 의로운 오른손으로 너를 붙들리라"(사 41:10)고 말씀하셨습니다.

두만강 변에 있는 작은 교회의 십자가만을 바라보며 소망을 갖고 필사적으로 헤엄쳐 건너온 탈북자들이, 남한의 수많은 십자가를 보고 위로받게 하시고 예수님을 믿게 하여 주시옵소서. 이곳에서 선한 사람들과 선한 목자들을 만나고, 그들을 통하여 예수 그리스도를 만나 광명의 길을 확실히 찾게 하여 주시옵소서.

또한 지금도 전 세계를 떠도는 탈북자들이 누구든지, 어디를 가든지 선한 목자를 만나 예수님을 영접하게 하시고, 나는 곧 길이요 진리요 생명이라 하신 예수 그리스도와 동행하는 삶을 살 수 있도록 인도하여 주시옵소서.

구원의 확신을 가지고, 오직 여호와만이 환난날에 그들의 확실한 피난처임을 체험하게 하여 주시고, 어서 속히 그들이 대한민국으로 들어와 잘 정착할 수 있도록 강권적으로 역사하여 주시기를 간절히 소원하며 기도합니다.

93 북한 동포들을 위해

북한의 김정은 세습 독재 세력 밑에서 신음하는 이천사백만 동포들을 위해 눈물로 기도하며 참회합니다.

북한 동포들도 하나님의 형상으로 지음 받아 이 세상에 태어났건만 반 세기 이상을 어찌하여 굶어 죽고, 병들어 죽고, 매 맞아 죽고, 얼어 죽을 수밖에 없는 고통 속에서 살아야만 합니까?

사랑과 자비가 충만하신 하나님!

저들을 악한 무리들로부터 건져내어 살려 주시기를 간절히 눈물 뿌려 기도합니다. 그들에게 혹시 허물이 있습니까? 이 세상에 하나님 앞과 사람들 앞에 허물이 없는 사람이 어디에 있겠습니까? 허물을 용서하여 주시옵고 저희들의 중보기도를 들어 응답해 주시옵소서.

해방 전 북한에서 활동하던 민족의 지도자 조만식 장로의 눈물의 기도를 생각하사, 일천만 이산가족들의 피눈물의 기도를 응답해 주시옵소서. 이 백성들을 구원해 주시기 위해 멀리 이국 땅 이곳에까지 보내주신 아펜젤러 선교사와 언더우드 선교사의 눈물의 기도도 꼭 응답하여 주시옵소서.

성경은 "이에 그들이 그들의 고통 때문에 여호와께 부르짖으매 그가 그들의 고통에서 그들을 구원하시되 그가 그의 말씀을 보내어 그들을 고치시고 위험한 지경에서 건지시는도다"(시 107:19-20)라고 말씀하셨습니다.

이 말씀대로 북한 동포들이 고통 중에 부르짖어 기도하게 하여 주시고, 주님의 말씀으로 그들을 고쳐주시며, 악에서 건져내어 살려 주시옵소서. 그리고 대한민국의 발전상을 누구든지 다 듣고 위로와 소망을 갖게 하여 주시옵소서.

또한 십자가를 알게 하시고 이를 바라보며, 오늘의 환난과 능욕을 힘있게 견디게 하시고, 통일의 소망을 갖고 남한의 발전상을 듣고 새 소망과 새 비전과 새 꿈을 발견하게 하여 주시옵소서.

통일의 그날까지 희망의 끈을 단단히 붙잡게 하시고, 삶에 필요한 모든 것들을 이스라엘 백성들에게 내려주신 '만나'처럼 날마다 넉넉히 채워주시옵기를 간절히 소원하며 기도합니다.

94 북한 인민군대에 대해

북한의 인민군대들을 위해 간절히 기도하고 참회합니다.

이들은 태어날 때부터 잘못된 공산주의, 실패한 공산주의 사상교육을 받고 자란 불행한 세대들입니다.

사랑의 하나님!

이 젊은이들이 오늘날 김정은 세습 독재 세력이 특수 집권층만 배불리는 지구상에서 가장 악한 정치세력임을 스스로 깨달을 수 있는 환경이 조성되게 하여 주시옵소서. 대한민국은 자유민주주의 원칙에 따라 국민들의 손에 의해 선출된 대통령과 정치지도자들이 헌법에 따라 나라를 다스리는 유일 합법 정부임을 여러 형태의 전파나 고무풍선, 입소문 등을 통해서 알게 하여 주시옵소서.

또한 북한의 인민군들이 북한의 3대 세습체제가 전 세계로부터 조롱거리가 되고 있음을 알게 하시고, 그들이 한국의 정치, 경제, 문화 등 각 방면에 걸쳐 크게 발전한 소식을 듣고 하나님이 대한민국을 축복하고 계시다는 사실을 확실하게 알고 느끼게 하여 주시옵소서.

예수님께서는 "나는 곧 길이요 진리요 생명이니 나로 말미암지 않고는 아버지께로 올 자가 없느니라"(요 14:6)고 말씀하셨습니다.

다윗의 자손 예수시여!
부디 북한의 인민군대가 한국의 눈부신 발전과 복음화된 사실로 인하여 예수 그리스도가 하나님의 아들이요, 우리의 생명이 되시고 구세주가 되심을 깨닫게 하여 주시옵소서.

뿐만 아니라 오랜 배고픔과 영양실조 등 악조건 속에서 살기 위해 그들 스스로 총을 버리고 수많은 인민군들이 휴전선을 넘어 귀순하게 하여 주시옵소서. 그리하여 북한의 인민군대가 스스로 궤멸하도록 역사하여 주시옵기를 간절히 기도합니다.

그동안 북한의 인민군대가 잔악하게 지은 범죄가 그 얼마입니까? 그들이 지은 잔혹한 범죄를 참회하게 하여 주시옵소서.

성경은 "진리를 알지니 진리가 너희를 자유롭게 하리라"(요 8:32)고 말씀하셨습니다.

북한의 인민군대가 이 모양 저 모양으로 진리이신 예수 그리스도를 알게 됨으로, 죄의 종의 멍에를 벗어버리고 불신과 미움과 분열과 원수 맺는 것과 저주와 우상숭배와 낙심과 절망을 가져다주는 악한 마귀의 사슬에서 벗어나, 하나님과 화목하고 자유인이 되어 어마어마한 구원 사건을 체험하는 행복한 백성들이 다 되게 하여 주시옵소서.

95 북한 김정은 3대 세습 독재 세력들

북한 김정은의 세습 독재 세력들은 하나님을 멸시하며, 많은 교회들을 파괴하였고 우상을 섬기며, 지금도 대남 핵도발 위협을 강행하고 있습니다.

선지자 느헤미야는 "사로잡힘을 면하고 남아 있는 자들이 그 지방 거기에서 큰 환난을 당하고 능욕을 받으며 예루살렘 성은 허물어지고 성문들은 불탔다"는 슬픈 소식을 전해 듣고, 수일 동안 울고 금식하며 이스라엘 자손과 자신의 죄와 선대의 죄를 참회했습니다(느 1:3-7).

천지의 주재이신 여호와여!

북한 동포들이 환난과 능욕을 당하고 있고, 교회는 다 허물어졌으며, 그 자리에 수만 개의 동상들이 세워졌고, 수백만의 동포들이 이미 굶어 죽었으며, 남은 자 중 80%가 영양실조로 고통을 당하고 있다고 합니다. 지금도 북한 동포들은 굶어 죽고, 얼어 죽고, 매 맞아 죽고, 병들어 죽을 수밖에 없는 슬픈 소식을 전해 들으며, 저희들도 느헤미야의 참회의 본을 따라서 먼저 금식하고 슬피 울며, 이 한민족의 자손들과 나 자신과 선조들이 지은 죄악을 철저히 자복하게 하옵소서. 부디 우리를 용서하여 주시옵소서.

지금 김정은 독재 세력은 '서울 불바다' 또는 '미국 불바다'로 위협하며 무자비한 핵 협박을 서슴지 않고 있습니다. 한반도에서 핵무기로 수백만의 국민들을 살상하고 무력통일을 하겠다는 흉계를 감추지 않고 있는 것입니다.

뿐만 아니라 북한의 기독교인들을 학살하거나 아오지 탄광이나 정치범 수용소에 몰아넣어 인간 이하의 수모와 핍박을 가하고 있습니다. 일반 주민들은 물론 군인들까지 식량이 부족하여 영양실조로 시달리고 있으며, 수십만의 탈북자들이 지금 전 세계를 떠돌아다니며 구걸을 하고 있습니다.

주님!

이런 현상은 북한의 포악한 독재 집단이 오직 핵무기 개발에만 집중하는 김정은과 그에게 아부하는 일부 특권층만을 위한 조직체로서 북한 동포의 희생만을 강요하고 있는 집단임을 반증하고 있는 것입니다.

성경은 "너희는 너희 아비 마귀에게서 났으니 너희 아비의 욕심대로 너희도 행하고자 하느니라 그는 처음부터 살인한 자요 진리가 그 속에 없으므로 진리에 서지 못하고 거짓을 말할 때마다 제 것으로 말하나니 이는 그가 거짓말쟁이요 거짓의 아비가 되었음이라"(요 8:44)고 말씀하셨습니다.

회고해 보면, 3대 세습 독재를 해오면서 그들은 항상 공산당 1당 독재는 오직 인민의 해방을 위해 존재한다고 역설해 왔습니다. 그러나 실상은 현재 북한 동포들이 겪고 있는 참상을 생각할 때, 인민의 진정한 해방은커녕 성경 말씀대로 그들은 거짓의 아비, 곧 죄의 종인 마귀의 노예가 되어 지옥 같은 생활을 하고 있습니다.

나라와 민족의 흥망성쇠를 주관하시는 여호와여!

성경에 보면 메대의 다리오 왕이 사자 굴에 던져진 다니엘을 하나님께서 건져 구원하신 사실을 보고 두려워 떨며 하나님께로 돌아올 수 있었던 것처럼(단 6:19-28), 저 악독한 북한의 독재세력들도 여러 가지 불가능한 악조건에서도 대한민국을 세계 10위권의 경제대국으로 건져 세워주신 사실을 보고 두려워 떨게 하옵소서. 그리하여 하나님께로 돌아와 평양의 봉수교회 성전에 나아와 엎드려 통곡하며 참회할 수밖에 없도록 그런 환경과 조건을 강권적으로 만들어 주시옵기를 간절히 기도합니다.

사랑의 하나님!

앞에서 말씀드린 것처럼 북한의 핵 도발과 같은 일촉즉발의 절대 비상시국에 주님께서 간섭하시고 개입하셔서, 눈동자처럼 계속 우리 자유대한민국을 든든하게 지켜주실 것을 매달려 간구합니다.

불순종했던 과거 이스라엘 민족을 암몬 족속과 블레셋 족속의 침략을 통하여 더욱 깊이 하나님만을 의뢰하게 하신 사랑의 하나님! 오늘날 심각한 군사적 핵 도발 때에 이 민족이 두려워 떨며 진심으로 피눈물을 흘려 통회하게 하시고, 오직 하나님만을 크게 의지하게 하여 주시옵소서. 그동안 이 모양 저 모양으로 부정부패할 뿐만 아니라 이 나라와 이 민족이 피땀 흘려 기도하지도 않고, 순종하지도 않은 불신앙을 회개하고 자복하게 인도하여 주시옵소서.

아울러 모세가 동족의 범죄함을 통회하고 중보기도할 때에 용서하시고(민 14:19-20) 회복시켜 주신 여호와여!

한국교회가 이 민족의 범죄함을 참회하고 중보기도할 때에 침략도발세력을 막아주시고, 북녘의 마귀의 진을 훼파하여 이 땅에 평화적인 통일이 하루 속히 앞당겨질 수 있도록 역사하여 주시기를 기도합니다.

돌이켜보면 과거 구소련의 공산주의 정권은 수만 개의 핵폭탄과 대륙간 탄도미사일을 보유하고 있었지만 하나님을 반역함으로 멸망하지 않았습니까?

지혜와 계시의 하나님!

핵폭탄과 장사정포가 저들을 구원해 주는 것이 아니고, 전능하신 하나님만이 지켜주실 수 있다는 진리를 북한의 어리석은 3대 세습 독재 세력들이 깨닫게 하여 주시옵소서.

성경은 "영광의 왕이 누구시냐 강하고 능한 여호와시요 전쟁에 능한 여호와시로다"(시 24:8)라고 하시고, 또 "너희 중에 한 사람이 천 명을 쫓으리니 이는 너희의 하나님 여호와 그가 너희에게 말씀하신 것같이 너희를 위하여 싸우심이라"(수 23:10-11)고 말씀하셨습니다.

마지막 때 심판하시는 두려우신 하나님!

북쪽의 악한 세력들이 속히 참회하게 하여 주시옵소서. 그렇지 아니할 때는 저들을 성령의 불화살로 소멸시켜 주시옵소서. 그리하여 남북한의 통일의 위업이 이루어지게 하시고 한국교회가 〈참회, 금식기도성회〉를 성령에 의지하여 지속적으로 주도하여 나라 전체가 믿음을 갖고 영성을 회복하게 하여 주시옵소서.

그래서 우리 남북한 7,000만 온 민족이 하나님께로, 성경으로, 초대교회로 돌아가게 하여 주시옵소서.

이와 같은 과정을 통하여 하나님과 화목함으로 통일된 조국, 대한민국이 영원히 평화를 누리며 형통하는 새 나라와 새 민족이 되게 하여 주시옵기를 간절히 소원하며 기도합니다.

이 모든 말씀을 저희들을 죽기까지 용서하시고, 구원하여 새 생명을 허락해 주시며, 다시 사는 부활 신앙을 갖게 하시고, 오늘이 나에게 마지막이 될 수 있다는 종말론적인 신앙을 가지고 목숨을 걸고 기도할 수 있게 되기를 원하시는 우리 주 예수 그리스도의 이름으로 감사하며 간절히 기도합니다. 아멘!

2014년 1월 1일
참회 전도사 윤 용 구

| 판 권 |
| 소 유 |

참회기도 95

2014년 1월 2일 인쇄
2014년 1월 7일 발행

지은이 | 윤용구
발행인 | 이형규
발행처 | 쿰란출판사

주소 | 서울시 종로구 이화동 184-3
TEL | 745-1007, 745-1301-2, 747-1212, 743-1300
영업부 | 747-1004, FAX/745-8490
본사평생전화번호 | 0502-756-1004
홈페이지 | http://www.qumran.co.kr
E-mail | qrbooks@gmail.com
       qrbooks@daum.net
한글인터넷주소 | 쿰란, 쿰란출판사

등록 | 제1-670호(1988.2.27)

책임교열 | 김유미

값 9,000원

ISBN 978-89-6562-518-6 03230

* 이 출판물은 저작권법에 의해 보호를 받는 저작물이므로 무단 복제할 수 없습니다.
* 잘못된 책은 교환해 드립니다.